남대문 (南大門)

경주 첨성대 (慶州の瞻星台)

세종대왕 (世宗大王)

경회루 (慶会楼)

제주도 돌하루방
(済州島のトルハルバン)

서울풍경 (ソウルの風景)

부산 용두산공원
(釜山の龍頭山公園)

명동 (明洞)

여의도 (汝矣島)

청계천 (清渓川)

고층아파트촌 (高層マンション)

장독대 (ジャントク台、壺台)

자갈치시장 （チャガルチ市場）

포장마차 （屋台）

한국의 식사 （韓国の食事）

결혼식 （結婚式）

김치 （キムチ）

장고춤 （チャンゴ踊り）

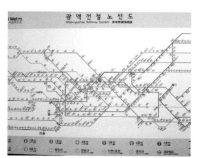
사물놀이 （サムルノリ）

KTX

지하철노선도 （地下鉄路線図）

신문 （新聞）

승차권자동발매기
（乗車券自動販売機）

안내표시 （案内表示）

과자류와 조미료 （菓子類と調味料）

돌솥비빔밥（石焼ビビンバ）

김치찌개（キムチチゲ）

된장찌개（みそチゲ）

자장면（ジャージャー麺）

김밥（のり巻き）

만두（餃子）

닭갈비（タッカルビ）

감자탕（カムジャタン）

삼계탕（サムゲタン）

잡채（チャプチェ）

냉면（冷麺）

팥빙수（かき氷）

Pointで学ぶ
韓国語①

〈著〉崔　相　振
呉　香　善

〈監修〉松原　孝俊

花　書院
図書出版

反切表

	1	2	3	4	5	6	7	8	9
	ㅏ [a]	ㅑ [ja]	ㅓ [ɔ]	ㅕ [jɔ]	ㅗ [o]	ㅛ [jo]	ㅜ [u]	ㅠ [ju]	ㅡ [ɯ]
A ㄱ [k/g]	가	갸	거	겨	고	교	구	규	그
B ㄴ [n]	나	냐	너	녀	노	뇨	누	뉴	느
C ㄷ [t/d]	다	댜	더	뎌	도	됴	두	듀	드
D ㄹ [r]	라	랴	러	려	로	료	루	류	르
E ㅁ [m]	마	먀	머	며	모	묘	무	뮤	므
F ㅂ [p/b]	바	뱌	버	벼	보	뵤	부	뷰	브
G ㅅ [s]	사	샤	서	셔	소	쇼	수	슈	스
H ㅇ	아	야	어	여	오	요	우	유	으
I ㅈ [ʧ/ʤ]	자	쟈	저	져	조	죠	주	쥬	즈
J ㅊ [ʧʰ]	차	챠	처	쳐	초	쵸	추	츄	츠
K ㅋ [kʰ]	카	캬	커	켜	코	쿄	쿠	큐	크
L ㅌ [tʰ]	타	탸	터	텨	토	툐	투	튜	트
M ㅍ [pʰ]	파	퍄	퍼	펴	포	표	푸	퓨	프
N ㅎ [h]	하	햐	허	혀	호	효	후	휴	흐
O ㄲ [ˀk]	까	꺄	꺼	껴	꼬	꾜	꾸	뀨	끄
P ㄸ [ˀt]	따	땨	떠	뗘	또	뚀	뚜	뜌	뜨
Q ㅃ [ˀp]	빠	뺘	뻐	뼈	뽀	뾰	뿌	쀼	쁘
R ㅆ [ˀs]	싸	쌰	써	쎠	쏘	쑈	쑤	쓔	쓰
S ㅉ [ˀʧ]	짜	쨔	쩌	쪄	쪼	쬬	쭈	쮸	쯔

10	11	12	13	14	15	16	17	18	19	20	21
ㅣ	ㅐ	ㅒ	ㅔ	ㅖ	ㅘ	ㅙ	ㅚ	ㅝ	ㅞ	ㅟ	ㅢ
[i]	[ɛ]	[jɛ]	[e]	[je]	[wa]	[wɛ]	[we]	[wɔ]	[we]	[wi]	[ɰi]
기	개	걔	게	계	과	괘	괴	궈	궤	귀	긔
니	내	냬	네	녜	놔	놰	뇌	눠	눼	뉘	늬
디	대	댸	데	뎨	돠	돼	되	둬	뒈	뒤	듸
리	래	럐	레	례	롸	뢔	뢰	뤄	뤠	뤼	릐
미	매	먜	메	몌	뫄	뫠	뫼	뭐	뭬	뮈	믜
비	배	뱨	베	볘	봐	봬	뵈	붜	붸	뷔	븨
시	새	섀	세	셰	솨	쇄	쇠	숴	쉐	쉬	싀
이	애	얘	에	예	와	왜	외	워	웨	위	의
지	재	쟤	제	졔	좌	좨	죄	줘	줴	쥐	즤
치	채	챼	체	쳬	촤	쵀	최	춰	췌	취	츼
키	캐	컈	케	켸	콰	쾌	쾨	쿼	퀘	퀴	킈
티	태	턔	테	톄	톼	퇘	퇴	퉈	퉤	튀	틔
피	패	퍠	페	폐	퐈	퐤	푀	풔	풰	퓌	픠
히	해	햬	헤	혜	화	홰	회	훠	훼	휘	희
끼	깨	꺠	께	꼐	꽈	꽤	꾀	꿔	꿰	뀌	끠
띠	때	떄	떼	뗴	똬	뙈	뙤	뚸	뛔	뛰	띄
삐	빼	뺴	뻬	뼤	뽜	뽸	뾔	뿨	쀄	쀠	쁴
씨	쌔	썌	쎄	쎼	쏴	쐐	쐬	쒀	쒜	쒸	씌
찌	째	쨰	쩨	쪠	쫘	쫴	쬐	쭤	쮀	쮜	쯰

はじめに

　みなさん、アンニョンアセヨ！

　数年前から、テレビをつけると韓国のドラマや映画などが簡単に見られ、レンタルビデオ屋では韓国コーナーが広い範囲を占めるほど、その人気は想像をこえるものです。最近ではそれにとどまらず、いろいろな分野で韓国関連情報が数多く紹介されています。それに伴い、韓国語を学ぼうとする日本人も急速に増え、これは非常に嬉しいことです。こんなに身近になった韓国に行く際に、ハングル文字が読めたり、簡単な会話ができればその楽しさはきっと倍増するでしょう。

　このテキストは、大学の外国語授業などで、はじめて韓国語を学ぶ人々のために作成されたものです。本場の韓国語をできるだけわかりやすく、楽しく、飽きずに続けて勉強できるようにと心がけました。

　このテキストの特徴は次のとおりです。

① 第1章では、文字と発音をしっかり学び、すらすら韓国語が読めるように練習します。

② 第2章では、生活の中で使われる使用頻度の高い表現、文法、語彙を 15 課に分けて段階的に学習できるようにしました。また、前の課で学習した文法や語彙を次の課でドリルできるようにしています。

③「Point」形式で各課の重要文法を2〜3つ提示し、その課の目標が一目で分かるようにしました。「Point」の内容は、練習問題をとおして何回もドリル（読む・書く・話す）するようになっています。

④ 自らの力で練習問題を解くための参考として、各課に「新しい単語」を、付録には「韓日・日韓単語集」を設けました。

⑤「コラム」という息抜きの時間を設け、韓国の文化に興味を持っていただけるように工夫しました。また、コラムの内容と関係のある写真や絵を載せ、学習者の理解と興味を引きつけるようにしています。

　韓国語はリズムがとても大事です。タイトルからも分かるように、本書は「Point」文法を中心に自然な会話を身に付けることを目標としています。あわてず、1 日 10 分でもいいですから、毎日毎日こつこつゆっくり勉強するようにしましょう。「継続は力成り!!!」です。

　このテキストの刊行にあたっては多くの方々のご協力を得ました。河野まどか氏には内容にそった楽しいイラストを、山崎みさ氏には面白くて気楽に読めるコラムを書いていただきました。また、惜しまない愛情をもっていろいろとご指導してくださった九州大学韓国研究センターの松原孝俊先生に感謝申し上げます。最後に、私たちのわがままを受け入れつつ、いろいろと適切なアドバイスをくださった花書院の仲西佳文氏に心から感謝申し上げます。

　このテキストが、韓国語を楽しく学習し、韓国文化を理解する一助になりますことを心より願っています。

2010 年10月　　崔相振・呉香善

目　次

■ コラム

■ 単語帳

● 付　録

―― 記号の説明 ――

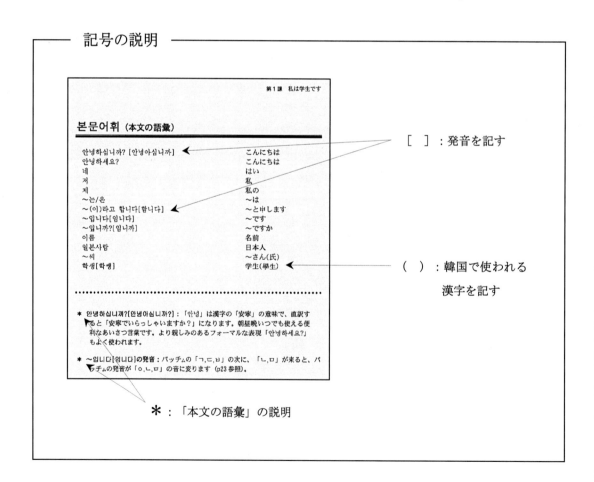

第1章
文字と発音

1．ハングルとは‥‥

1）ハングルとは‥‥

☞ ハングルは、韓国文字のことです。1443 年朝鮮王朝の第 4 代目の「世 宗 大^{セジョン}
王」によって制定された表音文字で、世界で最も新しい文字です。「ハン」は
「偉大な」、「グル」は「文字」の意味で「偉大なる文字」という意味です。

☞ 「韓国語」を日本語で言う時に「ハングル語」と言うのはまちがいで、
「한국말(ハングンマル)」「한국어(ハングゴ)」と言うようにしましょう。

2）ハングルの分布（使用地域）

☞ ハングルは、朝鮮半島全域、および中国東北部や旧ソ連・日本・米国などの 韓
国系定着者にも使われています。使用人口はおよそ 7,800 万人(韓国 5,000 万、
北朝鮮 2,500 万、中国 200 万、その他 10 万程)で、世界で第 13 位と言われてい
ます。

3）ハングルの特徴

☞ 中国の漢字や日本の仮名と違って、ローマ字(alphabet)のように**基本母音（10
個）と基本子音（14個）**からなる表音文字です。

☞ 日本人にとって一番習い易く、書き易い文字です。

① **語順が日本語と同じです(主語、目的語、述語)。**

例）＜韓国語＞　나는 학교에 간다.
＜日本語＞　私は　学校に　行く。
＜英　語＞　I go to school.

② **「はがをもに‥‥」の助詞もあります。**

例）お母さん[は] → 어머니는　　　お母さん[も] → 어머니도
お母さん[が] → 어머니가　　　お母さん[に] → 어머니께
お母さん[を] → 어머니를

③ **漢字音は日本語とよく似ており、 音読み・一字一音が原則です。**

例）高速道路　고속도로（コソクトロ）　　　計算　계산（ケサン）
調味料　조미료（チョミリョ）　　　簡単　간단（カンダン）
有利　　유리（ユリ）　　　　　　　余裕　여유（ヨユ）

④ **方言があります。**（地域によってイントネーションやアクセントに特徴があ
ります。韓国ではソウル地方の言葉を標準語としています。）

⑤ **日本語のように敬語もあり、丁寧語・尊敬語・謙譲語を使い分けます。**

1

4）ハングル文字の仕組み

☞ ハングルは**母音２１個**(基本母音 10＋二重母音 11)と**子音１９個**(基本子音 14＋濃音 5)の
組み合わせで文字を作ります。組み合わせは大きく３つのパターンがあります。

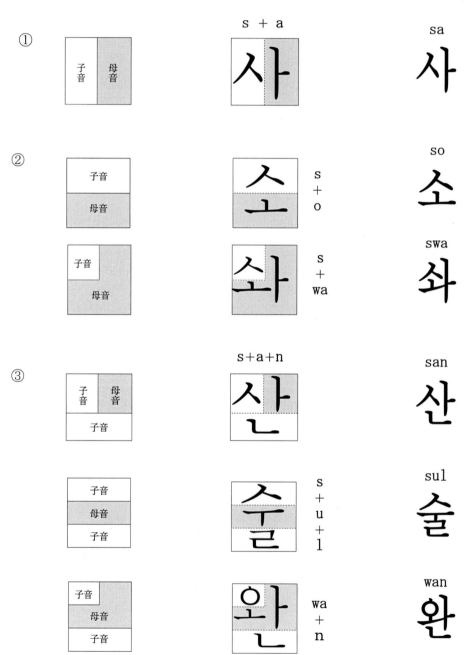

CD1

教室用語

チャル　トゥルセヨ
잘 들으세요.　　　　　　　　よく聞いてください。

ッタラハセヨ
따라 하세요.　　　　　　　　後に続いて言ってみてください。

ポセヨ
보세요.　　　　　　　　見てください。

イルグセヨ
읽으세요.　　　　　　　　読んでください。

ッスセヨ
쓰세요.　　　　　　　　書いてください。

タシハンボン
다시 한번　　　　　　　　もう一度

チョアヨ
좋아요.　　　　　　　　良いです。

アルゲッスムニカ
알겠습니까?　　　　　　　　分かりますか?

ネ、アルゲッスムニダ
네, 알겠습니다.　　　　　　　　はい、分かります。

アニョ、モルゲッスムニダ
아뇨, 모르겠습니다.　　　　　　　　いいえ、分かりません。

チャリョッ
차렷　　　　　　　　気をつけ。

キョンネ
경례　　　　　　　　礼。

スゴハッショッスムニダ
수고하셨습니다.　　　　　　　　お疲れさまでした。

カムサハムニダ
감사합니다.　　　　　　　　ありがとうございます。

CD2

簡単なあいさつ（１）

アンニョンアセヨ
안녕하세요?
おはようございます。

ネ、アンニョンアシムニカ
네, 안녕하십니까?
はい、おはようございます。

アンニョンイ　ガセヨ
안녕히 가세요.
さようなら。（立ち去る人に）

アンニョンイ　ゲセヨ
안녕히 계세요.
さようなら。（とどまる人に）

カムサハムニダ
감사합니다.
ありがとうございます。

チョンマネヨ
천만에요.
どういたしまして。

CD3 ●●●●●●●●●●● **簡単なあいさつ（２）** ●●●●●●●●●●●

＜ 出会いと再会 ＞

チョウム　ベェッケッスムニダ
처음 뵙겠습니다.　　　　　　　　　　はじめまして。

チャル　ブタッカムニダ　　チャル　ブタッケヨ
잘 부탁합니다.(잘 부탁해요)　　　　宜しくお願いします。

オレガンマニムニダ　　　　　オレガンマニエヨ
오래간만입니다.(오래간만이에요)　　久しぶりです。

パンガプスムニダ　　　パンガウォヨ
반갑습니다.(반가워요)　　　　　　　（お会いできて）嬉しいです。

＜ 感　謝 ＞

コマップスムニダ　　　コマウォヨ
고맙습니다.(고마워요)　　　　　　　ありがとうございます。

カムサハムニダ
감사합니다.　　　　　　　　　　　　ありがとうございます。

チョンマネヨ
천만에요.　　　　　　　　　　　　　どういたしまして。

＜ 謝　罪 ＞

ミアナムニダ　　　　ミアネヨ
미안합니다.(미안해요)　　　　　　　すみません。

チェソンハムニダ　　チェソンヘヨ
죄송합니다.(죄송해요)　　　　　　　申し訳ございません。

クェンチャンスムニダ　　クェンチャナヨ
괜찮습니다.(괜찮아요)　　　　　　　大丈夫です。

＜ 食　事 ＞

チャル　モッケッスムニダ
잘 먹겠습니다.　　　　　　　　　　いただきます。

チャル　モゴッスムニダ
잘 먹었습니다.　　　　　　　　　　ご馳走さまでした。

2. 基本母音 10個

CD4

ø＋母音	発音	発音のポイント	書き順
아	a	日本語の「ア」とほぼ同じ発音	
야	ja	日本語の「ヤ」とほぼ同じ発音	
어	ɔ	「ア」の口で「オ」と発音 （顎を少し引きながら、舌を奥へ引き寄せる）	
여	jɔ	「ヤ」の口で「ヨ」と発音	
오	o	日本語の「オ」とほぼ同じ発音	
요	jo	日本語の「ヨ」とほぼ同じ発音	
우	u	日本語の「ウ」とほぼ同じ発音	
유	ju	日本語の「ユ」とほぼ同じ発音	
으	ɯ	口の両端を横に引いて「イ」の口で「ウ」と発音	
이	i	日本語の「イ」とほぼ同じ発音	

母音の歌（メリーさんの羊）

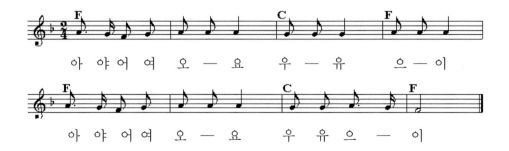

＜練 習 問 題＞

1．上段にならって書いてみましょう。

아	야	어	여	오	요	우	유	으	이

CD5

2．次を声に出して発音してみましょう。

① 아 야 어 여   ② 오 요 우 유

③ 으 이 으 이   ④ 아 아 어 어

⑤ 여 여 요 요   ⑥ 우 우 유 유

⑦ 어 오 어 오   ⑧ 으 우 으 우

⑨ 오 이 오 이   ⑩ 으 야 이 야

CD6

3．母音の組み合わせは次のような語があります。書いてみましょう。

① 아이 (子供)   ② 오이 (きゅうり)

③ 여우 (キツネ)   ④ 우유 (牛乳)

⑤ 우아 (優雅)   ⑥ 이유 (理由)

3. 基本子音　14個（激音5個）

CD7

子音＋a	発音	発音のポイント	書き順
가	k, g＋a	日本語の「カ行」とほぼ同じ音 （語中では「ガ行」になる）	가
나	n＋a	日本語の「ナ行」の音	나
다	t, d＋a	日本語の「タ行」とほぼ同じ音 （語中では「ダ行」になる）	다
라	r, l＋a	日本語の「ラ行」の音	라
마	m＋a	日本語の「マ行」の音	마
바	p, b＋a	日本語の「パ行」とほぼ同じ音 （語中では「バ行」になる）	바
사	s＋a	日本語の「サ行」の音 （i, jの前では「ʃ」になる）	사
아	ø＋a	無声音で、母音の前では音価がない	아
자	ʧ, ʥ＋a	日本語の「チャ行」よりやや弱い音 （語中では「ジャ行」になる）	자
차	ʧʰ＋a	자の発音より息を強く吐き出す	차
카	kʰ＋a	가の発音より息を強く吐き出す	카
타	tʰ＋a	다の発音より息を強く吐き出す	타
파	pʰ＋a	바の発音より息を強く吐き出す	파
하	h＋a	日本語の「ハ行」より激しい音	하

☞ 基本子音の中で息を強く吐き出す「ㅊ, ㅋ, ㅌ, ㅍ, ㅎ」の5つを**激音**と言います。

☞ ㄱ, ㄷ, ㅂ, ㅈ［k, t, p, ʧ］は、母音の間では［g, d, b, ʥ］になります。
　　これを**有声音化**と言います。　（p22参考）
　　　例）구두　→　［kuʈu］　×　　　　　［kuᴅu］　○

8

子音の歌（きらきら星）

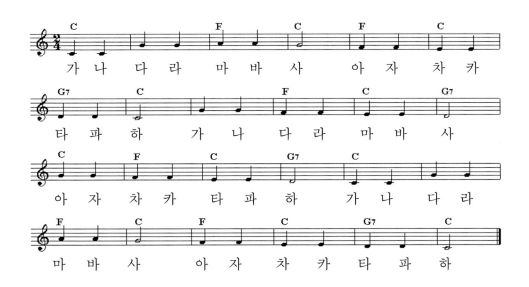

<練 習 問 題>

1．例のように文字を作りなさい。

> 例) ㄱ, ㅏ, ㄱ, ㅜ → <u>가구</u>

① ㅂ, ㅣ, ㄴ, ㅜ   → _____

② ㅈ, ㅜ, ㅅ, ㅡ   → _____

③ ㄱ, ㅣ, ㅊ, ㅏ   → _____

④ ㅎ, ㅓ, ㄹ, ㅣ   → _____

⑤ ㄴ, ㅓ, ㄱ, ㅜ, ㄹ, ㅣ → _____

⑥ ㅇ, ㅏ, ㅍ, ㅏ, ㅌ, ㅡ → _____

2. 上段と左の列を組み合わせて書いてみましょう。

	ㅏ	ㅑ	ㅓ	ㅕ	ㅗ	ㅛ	ㅜ	ㅠ	ㅡ	ㅣ
ㄱ										
ㄴ										
ㄷ										
ㄹ										
ㅁ										
ㅂ										
ㅅ										
ㅇ										
ㅈ										
ㅊ										
ㅋ										
ㅌ										
ㅍ										
ㅎ										

CD8

3. 次の単語を声に出して発音してみましょう。

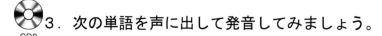

소포　→　포도　→　도라지　→　지구　→　구두　→

두부　→　부모　→　모기　→　기타　→　타조

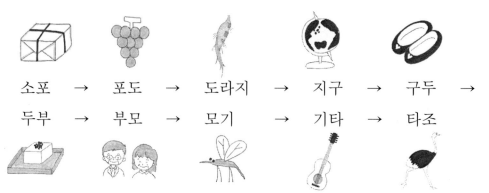

CD9

4．次の単語を声に出して発音してみましょう。

ㄱ：가구(家具)　　가수(歌手)　　야구(野球)　　고추(唐辛子)

ㄴ：나라(国)　　나비(蝶々)　　누구(誰)　　어머니(お母さん)

ㄷ：다리(足、橋)　　어디(どこ)　　도시(都市)　　도로(道路)

ㄹ：라디오(ラジオ)　　요리(料理)　　우리(我々)　　고려(高麗)

ㅁ：마루(床)　　머리(頭)　　모자(帽子)　　고구마(さつま芋)

ㅂ：바다(海)　　바보(馬鹿)　　두부(豆腐)　　비디오(ビデオ)

ㅅ：사자(ライオン)　　수도(首都)　　버스(バス)　　소나기(夕立)

ㅇ：아기(赤ちゃん)　　여자(女)　　우유(牛乳)　　유리(ガラス)

ㅈ：자유(自由)　　주부(主婦)　　부자(金持ち)　　아버지(お父さん)

ㅊ：차고(車庫)　　주차(駐車)　　치마(スカート)　　유자차(ゆず茶)

ㅋ：카피(コピー)　　커피(コーヒー)　　코피(鼻血)　　코코아(ココア)

ㅌ：타조(ダチョウ)　　버터(バター)　　투수(投手)　　토마토(トマト)

ㅍ：파도(波)　　우표(切手)　　피아노(ピアノ)　　스포츠(スポーツ)

ㅎ：하나(一つ)　　지하(地下)　　호수(湖)　　휴가(休暇)

4．濃音　5個

CD10

濃音＋a	発音	発音のポイント	書き順
까	ˀk＋a	「まっか」の「っか」の発音	까
따	ˀt＋a	「やった」の「った」の発音	따
빠	ˀp＋a	「やっぱり」の「っぱ」の発音	빠
싸	ˀs＋a	「あっさり」の「っさ」の発音	싸
짜	ˀʧ＋a	「やっちゃう」の「っちゃ」の発音	짜

☞のどをしめつけるように緊張させ、息を漏らさないように発音しましょう。

＜練　習　問　題＞

1．上段と左の列を組み合わせて書いてみましょう。

	ㅏ	ㅑ	ㅓ	ㅕ	ㅗ	ㅛ	ㅜ	ㅠ	ㅡ	ㅣ
ㄲ										
ㄸ										
ㅃ										
ㅆ										
ㅉ										

CD11
2．次を声に出して発音してみましょう。

① 가짜 (偽物)　　　② 오빠 (妹から見た兄)

③ 이따가 (後で)　　④ 꼬마 (ちびっ子)

⑤ 비싸요 (高いです)　⑥ 뽀뽀 (チュー)

5．二重母音　11個

CD12

ø＋ 二重母音		発音	発音のポイント	書き順
애	ㅏ＋ㅣ	ε	日本語の「エ」より少し口を大きく開く	애
얘	ㅑ＋ㅣ	jε	口を大きく開いて「イェ」と発音	얘
에	ㅓ＋ㅣ	e	日本語の「エ」とほぼ同じ発音 「애」と比べ口は小さく開く	에
예	ㅕ＋ㅣ	je	日本語の「イェ」ほぼ同じ発音 子音と組み合わせると「e」	예
와	ㅗ＋ㅏ	wa	日本語の「ワ」とほぼ同じ発音	와
왜	ㅗ＋ㅐ	wε	日本語の「ウェ」とほぼ同じ発音	왜
외	ㅗ＋ㅣ	we	日本語の「ウェ」とほぼ同じ発音	외
워	ㅓ＋ㅜ	wɔ	日本語の「ウォ」とほぼ同じ発音	워
웨	ㅜ＋ㅔ	we	日本語の「ウェ」とほぼ同じ発音	웨
위	ㅜ＋ㅣ	wi	日本語の「ウィ」とほぼ同じ発音	위
의	ㅡ＋ㅣ	ɰi	「으」「이」を早く一緒に発音する	의

＜練　習　問　題＞

CD13

1．次を声に出して発音してみましょう。

① 개미（アリ）　　　　② 주세요（下さい）

③ 돼지（豚）　　　　　④ 시계（時計）

⑤ 의사（医者）　　　　⑥ 사과（りんご）

13

仮名文字のハングル表記 (人名・地名)

仮名					ハングル 語頭					ハングル 語中・語末				
あ	い	う	え	お	아	이	우	에	오	←				
か	き	く	け	こ	가	기	구	게	고	카	키	쿠	케	코
さ	し	す	せ	そ	사	시	스	세	소	←				
た	ち	つ	て	と	다	지	쓰	데	도	타	치	쓰	테	토
な	に	ぬ	ね	の	나	니	누	네	노	←				
は	ひ	ふ	へ	ほ	하	히	후	헤	호	←				
ま	み	む	め	も	마	미	무	메	모	←				
や		ゆ		よ	야		유		요	←				
ら	り	る	れ	ろ	라	리	루	레	로	←				
わ				を	와				오	←				
	ん		っ							ㄴ		ㅅ		
が	ぎ	ぐ	げ	ご	가	기	구	게	고	←				
ざ	じ	ず	ぜ	ぞ	자	지	즈	제	조	←				
だ	ぢ	づ	で	ど	다	지	즈	데	도	←				
ば	び	ぶ	べ	ぼ	바	비	부	베	보	←				
ぱ	ぴ	ぷ	ぺ	ぽ	파	피	푸	페	포	←				
きゃ	きゅ	きょ			갸	규	교			캬	큐	쿄		
しゃ	しゅ	しょ			샤	슈	쇼			←				
ちゃ	ちゅ	ちょ			자	주	조			차	추	쵸		
にゃ	にゅ	にょ			냐	뉴	뇨			←				
ひゃ	ひゅ	ひょ			햐	휴	효			←				
みゃ	みゅ	みょ			먀	뮤	묘			←				
りゃ	りゅ	りょ			랴	류	료			←				
ぎゃ	ぎゅ	ぎょ			갸	규	교			←				
じゃ	じゅ	じょ			자	주	조			←				
びゃ	びゅ	びょ			뱌	뷰	뵤			←				
ぴゃ	ぴゅ	ぴょ			퍄	퓨	표			←				

☞ 日本人の名前は名字と名前の間を一文字空けて表記します。

☞ 拗音の「ん」と促音の「っ」は、それぞれパッチム (終声) の「ㄴ, ㅅ」で表します。

　　例　神田健治 → 간다 겐지　　　　　　札幌 → 삿포로

☞ 長母音は表記しません。語中・語末のカ行、タ行に注意しましょう。

　　例　大川拓郎 → 오카와 다쿠로

☞ 日本語の表記に濃音は用いません。例外　っ → 쓰

＜練 習 問 題＞

1．次の地名と名前を読んでみましょう。

① 후쿠오카　　② 미야자키

③ 교토　　④ 오사카

⑤ 홋카이도　　⑥ 기무라 다쿠야

⑦ 오노 요코　　⑧ 후쿠자와 유키치

2．次の地名と名前をハングルで書いてみましょう。

① 東京　　② 大分

③ 神奈川　　④ 名古屋

⑤ 横浜　　⑥ 鈴木一郎

⑦ 山田花子　　⑧ 高倉健

3．次の文章を読んでみましょう。

이마마데 모지토 하쓰온노 벤쿄오 추신니 스스메테 기마시타.
마다 간젠니와 요메나쿠테모 모지노 가타치니와 다이부 나레테
키타토 오모이마스. 다다노 마루야 시카쿠니시카 오모에나캇타
「한글」가 단단토 이미오 모쓰 이키타 모지토시테 미에루요니
낫타노데와나이데쇼카. 사테 고레카라와 시젠나 간코쿠고가 하
나세루요니 나루타메노 단카이니 스스미마스. 요리 세이카쿠니
하쓰온 데키루요니 나루타메니와 기쿠치카라가 다이세쓰데스.
간코쿠고니와 니혼고니나이 오토야 「받침(パッチム)」가 아리마
스노데 추이시테 하쓰온스루요니 고코로가케마쇼.

6. パッチム

☞ これまで「母音＋子音」で終わる文字を学んできましたが、韓国語には「子音＋母音＋子音」からなる文字も多くあります。
この最後の音節に来る子音を**パッチム（終声）**と言います。

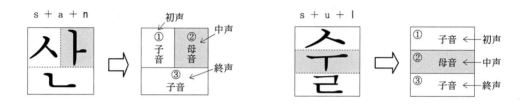

☞ 14 個の子音がパッチムとして用いられますが、発音は 7 種類しかありません。

発音	パッチムの種類	発音方法
ㄱ [k]	ㄱ, ㅋ, ㄲ	「がっかり」と言う時の「っ」の音。 舌の根が喉を塞ぐような感じ。
ㄴ [n]	ㄴ	「パンダ」と言う時の「ん」の音。 発音した時、舌は必ず上の歯茎につく。
ㄷ [t]	ㄷ, ㅌ, ㅅ, ㅆ, ㅈ, ㅊ, ㅎ	「行った」と言う時の「っ」の音。 息を止めるような感じ。
ㄹ [l]	ㄹ	舌先を歯茎の裏につけ、「る」の音を短く切るように発音。
ㅁ [m]	ㅁ	「さんま」と言う時の「ん」の音。
ㅂ [p]	ㅂ, ㅍ	「かっぱ」と言う時の「っ」の音。 息を止めるような感じ。
ㅇ [ŋ]	ㅇ	舌先を歯茎の裏につけずに、「りんご」という時の「ん」の音。

☞ パッチムの「ㄴ, ㅁ, ㅇ」は、全て日本語の「ん」にあたり、区別しにくいので、舌先と唇に気をつけて発音しましょう。
☞ 「ㄱ, ㄷ, ㅂ」のパッチムは、口構えだけで「p, t, k」のように破裂しません。息を詰まらせて止まるようにしましょう。

<練 習 問 題>

CD14

1. 次の単語を声に出して読んでみましょう。

약(薬)

부엌(台所)

밖(外)

눈(目)

돈(お金)

산(山)

옷(服)

꽃(花)

낮잠(昼寝)

물(水)

달(月)

쌀(米)

봄(春)

밤(夜)

곰(熊)

집(家)

밥(ご飯)

잎(葉)

강(川)

빵(パン)

공(ボール)

２．例のように文字を作りなさい。

例) ㄱ, ㅗ, ㅁ　→　곰

① ㅅ, ㅓ, ㅈ, ㅓ, ㅁ　　　→　_____

② ㅁ, ㅣ, ㄱ, ㅜ, ㄱ　　　→　_____

③ ㅅ, ㅜ, ㄴ, ㄷ, ㅐ　　　→　_____

④ ㅅ, ㅏ, ㅁ, ㄱ, ㅖ, ㅌ, ㅏ, ㅇ　→　_____

⑤ ㅇ, ㅜ, ㄴ, ㄷ, ㅗ, ㅇ　　→　_____

⑥ ㄷ, ㅏ, ㄹ, ㄹ, ㅕ, ㄱ　　→　_____

⑦ ㅍ, ㅕ, ㄴ, ㅈ, ㅣ　　　→　_____

⑧ ㄴ, ㅏ, ㄹ, ㅆ, ㅣ　　　→　_____

⑨ ㅁ, ㅣ, ㅇ, ㅛ, ㅇ, ㅅ, ㅣ, ㄹ　→　_____

⑩ ㅈ, ㅣ, ㄴ, ㅉ, ㅏ　　　→　_____

⑪ ㅅ, ㅜ, ㅇ, ㅕ, ㅇ　　　→　_____

⑫ ㄱ, ㅛ, ㅌ, ㅗ, ㅇ, ㅍ, ㅕ, ㄴ　→　_____

３．次の単語を探しなさい。

① 지도 (地図)	② 코스모스 (コスモス)	③ 안경 (メガネ)	④ 지하철 (地下鉄)	⑤ 사과 (リンゴ)
⑥ 웨이터 (ウェイター)	⑦ 휴지통 (ゴミ箱)	⑧ 물건 (物)	⑨ 내일 (明日)	⑩ 돼지 (豚)

지	도	안	스	지	사
휴	수	경	웨	과	왜
지	코	애	내	이	타
통	지	스	내	도	터
스	하	일	모	와	물
일	철	돼	지	스	건

산토끼 (山ウサギ)

산 토 끼 토 끼 야　어 디 를 가 느 냐

깡 총 깡 총 뛰 면 서　어 디 를 가 느 냐

CD15

4. 次の単語を読んでみましょう。

① 갈비(カルビ)　　마음(心)　　온천(温泉)　　공부(勉強)

② 레몬(レモン)　　얼굴(顔)　　점심(お昼)　　왕자(王子)

③ 선생님(先生)　　우체국(郵便局)　　앞(前)　　빨래(洗濯)

④ 김치(キムチ)　　반찬(おかず)　　서울(ソウル)　　운동장(運動場)

⑤ 경찰(警察)　　담배(煙草)　　겨울(冬)　　외국(外国)

⑥ 이름(名前)　　가족(家族)　　필통(筆箱)　　몇(いくつの)

⑦ 날씨(天気)　　냉면(冷麺)　　볼펜(ボールペン)　　책(本)

⑧ 고향(故郷)　　오른쪽(右側)　　콜라(コーラー)　　벤치(ベンチ)

⑨ 보통(普通)　　토요일(土曜日)　　화장실(トイレ)　　저녁(夕方)

⑩ 손님(お客さん)　　동물(動物)　　편지(手紙)　　껌(ガム)

⑪ 예약(予約)　　텔레비전(テレビ)　　홍차(紅茶)　　화장실(トイレ)

⑫ 썰매(ソリ)　　지하철(地下鉄)　　계단(階段)　　안경(メガネ)

2文字のパッチム

区分	2文字のパッチム
①右側の文字の音を発する パッチム	ㄹㄱ　ㄹㅁ　ㄹㅍ
②左側の文字の音を発する パッチム	ㄱㅅ　ㄴㅈ　ㄴㅎ　ㄹㅐ　ㄹㅅ　ㄹㅌ　ㄹㅎ　ㅂㅅ

☞ 「가나다라마바사…の順番がより前の語を発音する」と覚えておくと分かりやす
　 いです。

☞ ①の例外として用言の「ㄹㄱ」パッチムは「ㄱ」の前では左側の子音である「ㄹ」
　　が発音されます。 → 읽고[일꼬]，맑게[말께]

　　②の例外 → 밟다[밥따](踏む)

＜練 習 問 題＞

1．正しい発音のパッチムを選びなさい。

　　① 닭 (鶏)　　a.ㄹ　b.ㄱ　　　　② 값 (値段)　　a.ㅂ　b.ㅅ

　　③ 많다(多い)　a.ㄴ　b.ㅎ　　　　④ 읽다(読む)　a.ㄹ　b.ㄱ

　　⑤ 젊다(若い)　a.ㄹ　b.ㅁ　　　　⑥ 여덟(八つ)　a.ㄹ　b.ㅂ

2．次の単語を発音してしましょう。

　　① 앉다(座る)　　　　　　② 잃다(失う)

　　③ 끊다(切る)　　　　　　④ 없다(ない・いない)

　　⑤ 삶 (生)　　　　　　　⑥ 흙 (土)

7. 発音ルール

平音	激音	濃音	鼻音	流音
ㄱ ㄷ ㅂ ㅅ ㅈ	ㅋ ㅌ ㅍ ㅊ ㅎ	ㄲ ㄸ ㅃ ㅆ ㅉ	ㅇ ㄴ ㅁ	ㄹ

CD18

（1）有声音化

☞ 初声平音「ㄱ,ㄷ,ㅂ,ㅈ」は、語頭では［k , t , p , ʧ］と発音されますが、語中では［g , d , b , ʤ］と濁って発音されます。

부부(夫婦)　pupu(×) → pubu（○）

練習　次を発音どおりに書いて発音してみましょう。

		×		○
① 누구(誰)		[nuku]	→	[nu＿＿u]
② 어디(どこ)		[ɔti]	→	[ɔ＿＿i]
③ 고기(肉)		[koki]	→	[ko＿＿i]
④ 바다(海)		[pata]	→	[pa＿＿a]
⑤ 구두(靴)		[kutu]	→	[ku＿＿u]
⑥ 반지(指輪)		[panʧi]	→	[pan＿＿i]
⑦ 갈비(カルビ)		[kalpi]	→	[kal＿＿i]
⑧ 가구(家具)		[kaku]	→	[ka＿＿u]

CD19

（2）連音化（終声音の初声化）

1）パッチムで終わる文字の次に「ㅇ」で始まる文字が続くと、パッチムが「ㅇ」に移ります。「Rent a car」が「レンタカー」と発音されるのと同じです。

パッチム ＋ ㅇ母音 ⇒ 음악(音楽) → [으막]

練習　次を発音どおりに書いて発音してみましょう。
① 국어(国語)　　　　　　② 일본어(日本語)
③ 발음(発音)　　　　　　④ 밥을(ご飯を)
⑤ 단어(単語)　　　　　　⑥ 옷은(服は)

2）パッチム「ㅇ」は連音されずそのまま発音されます(その時後ろの母音は鼻濁音)。

パッチム「ㅇ」 ＋ ㅇ母音 ⇒ 종이(紙) → [종이]

練習　次を発音どおりに書いて発音してみましょう。
① 영어(英語)　　　　　　② 고양이(猫)
③ 동양(東洋)　　　　　　④ 공업(工業)

3）パッチム「ㅎ」は次に母音が来ると発音しません(「ㅎ」の無音化)。

パッチム「ㅎ」 ＋ ㅇ母音 ⇒ 좋아요(良いです) → [조아요]

練習　次を発音どおりに書いて発音してみましょう。
① 많이(たくさん)　　　　② 많아요(多いです)
③ 넣어요(入れます)　　　④ 놓아요(置きます)

4）パッチム「ㄴ,ㄹ,ㅁ,ㅇ」に「ㅎ」が続くと、「ㅎ」は弱化し、連音のように発音されます（「ㅎ」の弱音化）。

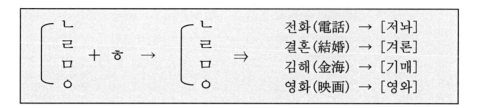

練習　次を発音どおりに書いて発音してみましょう。

① 은행(銀行)　　　　　　　　　② 간호사(看護師)

③ 설화(説話)　　　　　　　　　④ 삼호선(三号線)

（3）激音化

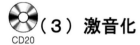
CD20

☞ パッチム「ㄱ,ㄷ,ㅂ,ㅈ」はその前後に「ㅎ」が来ると[ㅋ,ㅌ,ㅍ,ㅊ]になります。

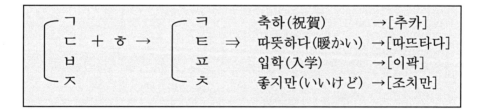

練習　次を発音どおりに書いて発音してみましょう。

① 협회(協会)　　　　　　　　　② 급행(急行)

③ 좋다(良い)　　　　　　　　　④ 악화(悪化)

⑤ 많다(多い)　　　　　　　　　⑥ 백화점(デパート)

⑦ 잊혀지다(忘れられる)　　　　⑧ 깨끗하다(きれいだ)

⑨ 못하다(できない)　　　　　　⑩ 부탁하다(頼む)

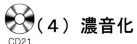 **（4） 濃音化**
CD21

☞ パッチム［ㄱ,ㄷ,ㅂ］の後に来る平音「ㄱ,ㄷ,ㅂ,ㅅ,ㅈ」は、濃音に変わります。

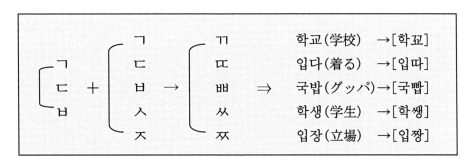

練習　次を発音どおりに書いて発音してみましょう。

① 약국(薬局)　　　　　　② 합격(合格)

③ 국제(国際)　　　　　　④ 택시(タクシー)

⑤ 식사(食事)　　　　　　⑥ 낮잠(昼寝)

⑦ 합숙(合宿)　　　　　　⑧ 악수(握手)

⑨ 숙제(宿題)　　　　　　⑩ 낚시(釣り)

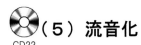 **（5） 流音化**
CD22

☞ パッチム「ㄴ」の次に「ㄹ」が来たり、逆にパッチム「ㄹ」の次に「ㄴ」が来ると、
　［ㄹ＋ㄹ］と発音されます。

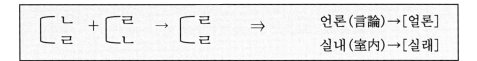

練習　次を発音どおりに書いて発音してみましょう。

① 신라(新羅)　　　　　　② 진로(眞露：焼酎の銘柄)

③ 연락(連絡)　　　　　　④ 편리(便利)

⑤ 설날(お正月)　　　　　⑥ 관리(管理)

💿（6）鼻音化
CD23

1）パッチム「ㄱ,ㄷ,ㅂ」の次に「ㄴ,ㅁ」が来ると、パッチムの発音が「ㅇ,ㄴ,ㅁ」の音に変ります（口音の鼻音化）。

$$\begin{bmatrix} ㄱ \\ ㄷ \\ ㅂ \end{bmatrix} + \begin{bmatrix} ㄴ \\ ㅁ \end{bmatrix} \rightarrow \begin{bmatrix} ㅇ \\ ㄴ \\ ㅁ \end{bmatrix} \Rightarrow$$

국내(国内)　→ [궁내]
거짓말(嘘)　→ [거진말]
입니다(〜です)→ [임니다]

練習　次を発音どおりに書いて発音してみましょう。
① 학년(学年)　　　　　② 합니다(します)
③ 국물(汁)　　　　　　④ 이웃나라(隣国)

2）パッチム「ㅁ,ㅇ」の次に「ㄹ」が来ると「ㄹ」は「ㄴ」と発音されます（流音の鼻音化）。

$$\begin{bmatrix} ㅁ \\ ㅇ \end{bmatrix} + ㄹ \rightarrow ㄴ \Rightarrow$$

심리(心理) → [심니]
종로(鐘路) → [종노]

練習　次を発音どおりに書いて発音してみましょう。
① 금리(金利)　　　　　② 염려(心配)
③ 경력(経歴)　　　　　④ 정류장(バス停)

3）パッチム「ㄱ,ㄷ,ㅂ」の次に「ㄹ」が来ると、「ㅇ,ㄴ,ㅁ」＋「ㄴ」と発音されます（口音の鼻音化＋流音の鼻音化）。

$$\begin{bmatrix} ㄱ \\ ㄷ \\ ㅂ \end{bmatrix} + ㄹ \rightarrow \begin{bmatrix} ㅇ \\ ㄴ \\ ㅁ \end{bmatrix} + ㄴ \Rightarrow$$

학력(学力) → [항녁]
몇리(何里) → [면니]
협력(協力) → [혐녁]

練習　次を発音どおりに書いて発音してみましょう。
① 독립(独立)　　　　　② 압력(圧力)
③ 국립(国立)　　　　　④ 격려(激励)

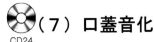

（7）口蓋音化

CD24

☞「ㄷパッチム＋이」は「지」、「ㅌパッチム＋이」は「치」と発音される。

$$
\left[\begin{array}{c} ㄷ \\ ㅌ \end{array} + 이 \rightarrow \left[\begin{array}{c} 지 \\ 치 \end{array} \Rightarrow \begin{array}{l} 굳이(あえて)\rightarrow[구지] \\ 같이(一緒に)\rightarrow[가치] \end{array} \right.\right.
$$

練習　次を発音どおりに書いて発音してみましょう。

① 해돋이(日の出)　　　　　③ 밭이(畑が)

② 곧이(そのまま)　　　　　④ 붙이다(つける)

（8）頭音法則

CD25

☞「ㄹ」は第1音節の初声には用いません。

練習　次を発音どおりに書いて発音してみましょう。

① 신라(新羅) ― 나열(羅列)　　② 근로(勤労) ― 노동(労働)

③ 경력(経歴) ― 역사(歴史)　　④ 자료(資料) ― 요리(料理)

⑤ 물리(物理) ― 이론(理論)　　⑥ 남녀(男女) ― 여자(女子)

（9）「ㄴ」音の添加

CD26

☞ 主に合成語の場合、パッチムの後に「야, 여, 요, 유, 이」が来ると「ㄴ」が添加され「냐, 녀, 뇨, 뉴, 니」と発音されます。このとき前の語のパッチムが「ㄹ」で終わる場合、流音化して「랴, 려, 료, 류, 리」になります。

$$
パッチム + \left[\begin{array}{c} 야 \\ 여 \\ 요 \\ 유 \\ 이 \end{array} \rightarrow \left[\begin{array}{c} 냐 \\ 녀 \\ 뇨 \\ 뉴 \\ 니 \end{array} \Rightarrow \begin{array}{l} 한방약(漢方薬)\rightarrow[한방냑] \\ 부산역(釜山駅)\rightarrow[부산녁] \\ 어른요금(大人料金)\rightarrow[어른뇨금] \\ 동유럽(東ヨーロッパ)\rightarrow[동뉴럽] \\ 옛이야기(昔話)\rightarrow[옌니야기] \end{array} \right.\right.
$$

練習　次を発音どおりに書いて発音してみましょう。

① 열 여덟(十八)　　　　　② 두통약(頭痛薬)

③ 그림엽서(絵葉書)　　　　④ 한국영화(韓国映画)

第2章
会話とPoint文法

제 1과 저는 학생입니다.

☞ **Point** : 体言＋〜입니다（〜です） / 입니까?（〜ですか？）
　　　　　　　体言＋〜는/은（〜は）

노무라 : 안녕하십니까?

영　진 : 네, 안녕하세요?

노무라 : 저는 노무라 유키라고 합니다.
　　　　　일본사람입니다.

영　진 : 제 이름은 이영진입니다.

노무라 : 영진 씨는 학생입니까?

영　진 : 네, 학생입니다.

노무라 유키　　이영진

野　村 ： こんにちは。
英　珍 ： はい、こんにちは。
野　村 ： 私は野村ゆきと申します。
　　　　　日本人です。
英　珍 ： 私の名前は李英珍(イヨンジン)です。
野　村 ： 英珍さんは学生ですか?
英　珍 ： はい、学生です。

28

본문어휘 （本文の語彙）

안녕하십니까? [안녕아심니까]	こんにちは
안녕하세요? [안녕아세요]	こんにちは
네	はい
저	私
제	私の
～는/은	～は
～(이)라고 합니다[함니다]	～と申します
～입니다[임니다]	～です
～입니까?[임니까]	～ですか
이름	名前
일본사람	日本人
～씨	～さん(氏)
학생[학쌩]	学生(學生)

• •

＊ **안녕하십니까?** : 「안녕」は漢字の「安寧」の意味で、直訳すると「安寧でいらっしゃいますか?」になります。朝昼晩いつでも使える便利なあいさつ言葉です。より親しみのあるフォーマルな表現「안녕하세요?」もよく使われます。

＊ **～입니다[임니다]の発音** : パッチムの「ㄱ,ㄷ,ㅂ」の次に、「ㄴ,ㅁ」が来ると、パッチムの発音が「ㅇ,ㄴ,ㅁ」の音に変ります (p26 参照)。

＊ **네/아니요** : 「はい/いいえ」の意味で、「예/아뇨」とも言います。友達同士や年下の人には「응/아니」と言います。

＊ **저/제** : 一人称代名詞で「わたくし/わたしくの」の意味です。また、「나/내」は平称の「私/私の、俺/俺の、僕/僕の」の意味として使われます。

＊ **～(이)라고 합니다** : 体言の後に付いて「～と申します」の意を表します。
　　① 体言の最後にパッチム（無） → 　体言＋～라고 합니다
　　② 体言の最後にパッチム（有） → 　体言＋～이라고 합니다

Point 1

● 体言＋　～입니다.（～です）

～입니까?（～ですか？）

例

학생입니까?	学生ですか？	학생입니다.	学生です。
선생님입니까?	先生ですか？	선생님입니다.	先生です。
주부입니까?	主婦ですか？	주부입니다.	主婦です。

Point 2

● 体言＋～　는/은　（～は）

体言の最後にパッチム（無）→　～는
体言の最後にパッチム（有）→　～은

例

저는	私は	일본은	日本は
김치는	キムチは	한국사람은	韓国人は
시계는	時計は	가방은	カバンは

연습문제 (練習問題)

1. 次の文を声に出して読んでみましょう。

CD28

① 저는 일본사람입니다.
　　한국사람
　　대학생

② 영진 씨 형은 회사원입니까?
　　　　　공무원
　　　　　은행원

③ 저는 노무라 아유미라고 합니다.
　　야마다 미사
　　박철수

④ 저는 야마모토 준이라고 합니다.
　　김미숙
　　최우섭

2. Point 2 を参考にして「～は」の形にしなさい。

① 선생님_____　　② 일본_____

③ 의사_____　　④ 취미_____

⑤ 저_____　　⑥ 외국_____

3. 例のように＿＿＿＿＿に言葉を入れて文を作りなさい。

> 例) 영진 씨 / 학생   →   <u>영진 씨는 학생입니까?</u>
> 　　(英珍さん) (学生)　　　(英珍さんは学生ですか?)

① 철수 씨 / 한국사람 　＿＿＿＿＿＿＿＿＿＿＿＿＿＿＿＿＿＿

② 아버지 / 회사원 　＿＿＿＿＿＿＿＿＿＿＿＿＿＿＿＿＿＿＿

③ 어머니 / 주부 　＿＿＿＿＿＿＿＿＿＿＿＿＿＿＿＿＿＿＿＿

④ 전공 / 영어 　＿＿＿＿＿＿＿＿＿＿＿＿＿＿＿＿＿＿＿＿

⑤ 취미 / 무엇 　＿＿＿＿＿＿＿＿＿＿＿＿＿＿＿＿＿＿＿＿

4. 次の絵を見て例にならって文を作りなさい。

> 例) 노무라 씨 / 회사원
> 　　(野村さん) (会社員)
>
>
>
> A) 가 : 노무라 씨는 회사원입니까?
> 　　　　(野村さんは会社員ですか?)
> 　　나 : 네, <u>회사원입니다.</u>
> 　　　　(はい、会社員です)
> B) 가 : 노무라 씨는 학생입니까?
> 　　　　(野村さんは学生ですか?)
> 　　나 : 아니요, <u>회사원입니다.</u>
> 　　　　(いいえ、会社員です)

① 동생 / 고등학생

가 : 동생은 고등학생입니까?

나 : 네, ＿＿＿＿＿＿＿＿＿＿＿＿＿＿＿＿＿

② 철수 씨 / 선생님

가 : 철수 씨는 회사원입니까?

나 : 아니요, _____

③ 아버지 / 의사

가 : 아버지는 회사원입니까?

나 : 아니요, _____

④ 형 / 공무원

가 : _____

나 : 네, 공무원입니다.

⑤ 누나 / 은행원

가 : _____

나 : 네, 은행원입니다.

5．次の文を韓国語に直しなさい。

① こんにちは。　　　　　_____

② 私は青木と申します。　_____

③ 田中さんは学生ですか？　_____

④ いいえ、会社員です。　_____

새단어 (新しい単語)

CD29

선생님	先生
주부	主婦
일본	日本
김치	キムチ
한국사람[----싸람]	韓国人(韓國人)
시계	時計
가방	カバン
대학생[대학쌩]	大学生(大學生)
형	お兄さん(弟から見た兄)
회사원	会社員(會社員)
공무원	公務員
은행원[으냉원]	銀行員
의사	医者(醫師)
취미	趣味
외국	外国(外國)
아버지	お父さん
어머니	お母さん
전공	専攻(專攻)
영어	英語
무엇[무얼]	何
동생	弟、妹
고등학생[----악쌩]	高校生(高等學生)
누나	お姉さん(弟から見た姉)

スキンシップを好む韓国人

　　　韓国人は日常生活においてスキンシップが非常に多い。街を歩けば、大人の女性同士が手をつないで歩く姿はもちろん、母親と手をつないで歩く学生や肩を組んでおしゃべりする男性同士を見かけることはごく当たり前。久々に会った友達同士、互いの頬を触りながら「元気だったか？」と微笑みかける。３人４人であっても腕を組み、横一列になっておしゃべりに花を咲かす。

　　逆に日本人は他人との物理的距離をとりたがる民族であるためか、韓国に住む日本人はこのスキンシップをはじめは気恥かしく感じるようだ。友人と歩く際はバッグを友人側の手に持ち、手をつながれないようにするという。

　　このようなスキンシップ文化は人と人との付き合い方にも影響を与えているような気がする。韓国の男性は酒を飲みながら肩を組むと互いを身近に感じ、親近感が増すという。一般に韓国人は「情に厚い」といわれており、これはスキンシップによって形成される友情なのかもしれない。お互いを知るのもさほど時間を要しない。一方で日本人は、韓国人が「なかなか日本人は自分を出さない。話してくれない」と口にするほど、心を開くのに時間がかかる。

　　韓国に行く場合、決してスキンシップを避けることなく、「郷に入れば郷に従え」の精神で受け入れると、「情に厚く温かい韓国人」をよく知ることができ、真の友情も芽生えることだと思う。

제 2 과   저는 학생이 아닙니다.

☞ **Point** : 体言＋〜가/이 아닙니다(〜ではありません)
　　　　　　 体言＋〜가/이(〜が)

CD30

영　진 : 노무라 씨도 학생입니까?

노무라 : 아니요, 저는 학생이 아닙니다.

　　　　 회사원입니다.

영　진 : 노무라 씨는 한국이 처음입니까?

노무라 : 아니요, 처음이 아닙니다.

노무라 유키　　　이영진

英　珍 :　野村さんも学生ですか？
野　村 :　いいえ、私は学生ではありません。
　　　　　会社員です。
英　珍 :　野村さんは韓国ははじめてですか？
野　村 :　いいえ、はじめてではありません。

본문어휘 （本文の語彙）

～도	～も
아니요/아뇨	いいえ
～가/이 아닙니다[----아닙니다]	～ではありません
한국	韓国(韓國)
～가/이	～が
처음	はじめ

• •

* **～씨(氏)**：日本では「山田さん」「朴さん」のように苗字に「～さん」をつけて呼びますが、①同姓の多い韓国では「フールネーム or 名前＋씨」で呼ぶのが普通です。ただし、②外国人の場合は「苗字＋씨」を使うことが多いです。

　例） ① 이영진 **씨** or 영진 **씨**
　　　 ② 야마다 **씨** or 브라운 **씨**

* **～도**： 添加、追加を表す助詞「～も」です。

　例） 나도 학생입니다.
　　　（私も学生です）
　　　 아버지도 어머니도 선생님이 아닙니다.
　　　（お父さんもお母さんも先生ではありません）

* **처음**：「はじめ」という意味で、初めて会った人に「처음 뵙겠습니다.（初めてお目にかかります）」と言いたいときなどに使います。これに続けて「잘부탁합니다.（よろしくお願いします）」や「반갑습니다.（お会いできて嬉しいです）」も使ってみましょう。

Point 1

● 体言＋〜가/이 아닙니다. (〜ではありません)

体言の最後にパッチム（無）→　〜가 아닙니다.
体言の最後にパッチム（有）→　〜이 아닙니다.

例

주부가 아닙니다.　　　　　主婦ではありません。
학생이 아닙니다.　　　　　学生ではありません。
선생님이 아닙니다.　　　　先生ではありません。

Point 2

● 体言＋〜가/이 （〜が）

体言の最後にパッチム（無）→　〜가
体言の最後にパッチム（有）→　〜이

例

날씨가	天気が	옷이	服が
가게가	店が	일본이	日本が
학교가	学校が	중국이	中国が

연습문제 (練習問題)

1. 次の文を声に出して読んでみましょう。

CD31

① 저는 간호사가 아닙니다.
　　의사
　　가수

② 저는 한국사람이 아닙니다.
　　고등학생
　　경찰관

③ 외국은 프랑스가/이 처음입니까?
　　한국
　　중국

④ 철수 씨도 대학생입니까?
　　회사원
　　공무원

2. Point 2 を参考にして「〜が」の形にしなさい。

① 옷＿＿＿＿＿　　② 외국＿＿＿＿＿

③ 취미＿＿＿＿＿　　④ 집＿＿＿＿＿

⑤ 지하철＿＿＿＿＿　　⑥ 버스＿＿＿＿＿

3. Point 1 を参考にして「体言の否定形」にしなさい。

　① 우리 누나입니다.　　　＿＿＿＿＿＿＿＿＿＿＿＿＿＿＿＿

　② 제 여자 친구입니다.　　＿＿＿＿＿＿＿＿＿＿＿＿＿＿＿＿

　③ 처음입니다.　　　　　　＿＿＿＿＿＿＿＿＿＿＿＿＿＿＿＿

　④ 사전입니다.　　　　　　＿＿＿＿＿＿＿＿＿＿＿＿＿＿＿＿

4. 次の絵を見て例にならって文を作りなさい。

例) 영진 씨 / 회사원
　(英珍さん)　(会社員)

가 : 영진 씨는 학생입니까?
　(英珍さんは学生ですか？)
나 : 아니요, 학생이 아닙니다.
　(いいえ、学生ではありません)
　회사원입니다.
　(会社員です)

① 누나 / 가수

가 : 누나는 대학생입니까?
나 : 아니요, ＿＿＿＿＿＿＿＿＿
　　＿＿＿＿＿＿＿＿＿＿＿＿＿

② 형 / 야구 선수

가 : 형은 축구 선수입니까?
나 : 아니요, ＿＿＿＿＿＿＿＿＿
　　＿＿＿＿＿＿＿＿＿＿＿＿＿

③ 언니 / 간호사

가 : 언니는 가수입니까?

나 : 아니요, _____

_____

④ 오빠 / 요리사

가 : 오빠도 은행원입니까?

나 : 아니요, _____

_____

⑤ 남자 친구 / 선생님

가 : 남자 친구도 경찰관입니까?

나 : 아니요, _____

_____

5．次の文を韓国語に直しなさい。

① 林さんも学生ですか？　　　　　_____

② いいえ、私は学生ではありません。_____

③ 弟が学生です。　　　　　　　　_____

④ 韓国ははじめてですか？　　　　_____

⑤ いいえ、はじめてではありません。_____

새 단어 （新しい単語）

CD32

날씨	天気
옷	服
가게	店
학교[학꾜]	学校(學校)
중국	中国(中國)
간호사[가노사]	看護師
가수	歌手
경찰관	警察官
프랑스	フランス
집	家
지하철	地下鉄(地下鐵)
버스	バス
우리	私たち、我々
여자 친구	ガールフレンド
사전	辞書(辭典)
야구 선수	野球選手
축구 선수[축꾸----]	サッカー選手(蹴球選手)
언니	お姉さん(妹から見た姉)
오빠	お兄さん(妹から見た兄)
요리사	調理師(料理師)
남자 친구	ボーイフレンド

韓国の姓

　　　　韓国で「キム（金）さん」人口はとにかく多い。南山（ソウルの中心に位置した海抜２６５ｍの緑豊かな公園）から石を投げるとキムさんに当たる、街で「キムさん」と呼びかけると皆が振り向く、と言われるくらい、実に、韓国人の５人に１人はキムさんだ。

　それ以外には、「イ（李）」「パク（朴）」「チェ（崔）」などの姓が多く、上位１０の姓だけで韓国民の６４％を占めると言うから驚きだ。

　韓国では結婚しても別姓のままである。子供は父親の姓を受けるため、家族で母親だけが異なる姓を持っていることになる。これについて、韓国の女性に「自分の姓だけが異なることに疎外感を感じないか」と聞いたところ、「今まで数十年使ってきたなじみの姓を、結婚を機に変えることのほうが、自分を守ってきた姓を捨てるような気がして違和感がある」との返事だった。

　姓と結婚といえば、韓国人ならではの悩みがある。日本ほどバラエティにとんでいない姓の数であれば、恋をした相手が自分と同じ苗字だ、ということはしばし

＜姓氏別人口数＞

順位	姓	人口	比率
1	김（金）	9,925,949	21.59%
2	이（李）	6,794,637	14.78%
3	박（朴）	3,895,121	8.47%
4	최（崔）	2,169,704	4.72%
5	정（鄭）	2,010,117	4.37%
6	강（姜）	1,044,386	2.27%
7	조（趙）	984,913	2.14%
8	윤（尹）	948,600	2.06%
9	장（張）	919,339	2.00%
10	임（林）	762,767	1.66%

（姓氏別人口は 2000 年統計庁資料）

ばある。日本であれば「あ、同じね」で済むものであるが、韓国は違う。同じ苗字で同じ本貫（これを「同姓同本」という）であれば様々な面で結婚が困難な状況なのだ。９０年前半にヒットした歌謡曲でも「自分が好きになる人はいつも友達のガールフレンドか先輩の恋人、そうでなければ同姓同本だ！」と、恋愛に結びつけることが出来ない嘆きをコミカルに歌ったものがあった。しかし、１９９９年１月１日より同姓同本禁婚制度が廃止され、韓国で同姓同本でも自由に結婚ができるようになった。また、２００８年から「号主制」も廃止され、母の姓を受けることも可能になった。

제 3 과   한국에 친구가 있습니까?

☞ **Point** : ～있습니다/ 없습니다 (～あります/います、～ありません/いません)

体言＋～에 (～に)

CD33

> 노무라 : 영진 씨는 일본 친구가 **있습니까?**
>
> 영　진 : 아뇨, **없습니다.**
>
> 　　　　노무라 씨는 한국 친구가 **있습니까?**
>
> 노무라 : 네, **있습니다.**
>
> 영　진 : 서울에 **있습니까?**
>
> 노무라 : 아뇨, 부산에 **있습니다.**

부 산
(용두산공원)

서울
(남대문)

노무라 유키　이영진

野　村 ：　英珍さんは日本の友達がいますか?

英　珍 ：　いいえ、いません。
　　　　野村さんは韓国の友達がいますか?

野　村 ：　はい、います。

英　珍 ：　ソウルにいますか?

野　村 ：　いいえ、釜山にいます。

본문어휘（本文の語彙）

일본 친구	日本の友達(----親舊)
한국 친구	韓国の友達(韓國親舊)
있습니다[읻씀니다]	あります/います
있습니까?[읻씀니까]	ありますか/いますか
없습니다[업씀니다]	ありません/いません
서울	ソウル(韓国の首都)
부산	プサン(釜山：地名)
아뇨/아니요	いいえ
～에	～に

• •

＊ **「の」の省略**：所有・所属・関係などを表します。「～의」と表記して「에[e]」
　　と発音します。日本語では「韓国の友達」の場合、「～の」は省略されませんが、
　　韓国語はその前後関係からみて所有・所属などがはっきりしている場合、「한국
　　친구」のように「～의」は省略されるのが普通です。

　　例）아버지의 가방 → 아버지 가방 （お父さんのカバン）

　　　　서울의 사람　 → 서울 사람 （ソウルの人）

　　　　부산의 날씨　 → 부산 날씨 （釜山の天気）

＊ **「의」の発音には３つのパターンがありますので、注意して発音しましょう。**

　　① 語頭　　　　　　：의[ɰi]と発音　　例）의사(医者), 의지(意志)

　　② 語中・語末　　　：이[i]と発音　　例）회의(会議), 주의(注意)

　　③ 所有の「～の」　：에[e]と発音　　例）친구의 가방(友だちのカバン)

Point 1

● ～있습니다/있습니까?（ ～あります／ありますか？
～います　／いますか？ ）

● ～없습니다/없습니까?（ ～ありません／ありませんか？
～いません　／いませんか？ ）

☞ 存在の有無を表す「있다(ある/いる)」「없다(ない/いない)」を存在詞と言います。日本語の「ある/ない」のような対象による区別はなく、いずれの場合も「있습니다/없습니다」を使います。

例

한국어 책이 **있습니다**.	韓国語の本があります。
저는 누나가 **없습니다**.	私はお姉さんがいません。
일본어 사전이 **있습니까?**	日本語の辞書がありますか？
여자 친구가 **없습니까?**	ガールフレンドはいませんか？

Point 2

● 体言＋～에（～に）

☞ 場所や時を表す助詞です。

例

학교에	学校に	서울에	ソウルに
오전에	午前に	오후에	午後に
집에	家に	외국에	外国に

연습문제 (練習問題)

CD34

1. 次の文を声に出して読んでみましょう。

① 사전가/이 있습니까?
  언니
  약속

② 시간가/이 없습니까?
  숙제
  돈

③ 오후에 아르바이트가/이 있습니다.
  오전　　약속
  한국　　남자친구

④ 지하철에 사람가/이 없습니다.
  식당　　손님
  집　　　개

2. Point1 を参考にして＿＿＿＿に適当な言葉を入れなさい。

① 지금 시간이 ＿＿＿＿＿＿＿＿＿＿＿＿＿　　今時間がありますか？

② 무엇이 ＿＿＿＿＿＿＿＿＿＿＿＿＿＿＿　　何がありませんか？

③ 여자 친구가 ＿＿＿＿＿＿＿＿＿＿＿＿＿　　ガールフレンドがいません。

④ 오늘은 약속이 ＿＿＿＿＿＿＿＿＿＿＿　　今日は約束がありますか？

⑤ 숙제가 ＿＿＿＿＿＿＿＿＿＿＿＿＿＿　　宿題がありません。

3. 次の絵を見て例にならって文を作りなさい。

例)　　○　　　　×　　　　가 : 시계가 있습니까?
　　　　　　　　　　　　　　　　　　(時計がありますか？)

　　　　　　　　　　　　　나 : 네, 시계가 있습니다.
　　　　　　　　　　　　　　　　　　(はい、時計があります)

　　　　　　　　　　　　　가 : 가방도 있습니까?
　　　　　　　　　　　　　　　　　　(カバンもありますか？)

　　　　　　　　　　　　　나 : 아뇨, 가방은 없습니다.
　　　　　　　　　　　　　　　　　　(いいえ、カバンはありません)

①　○　　　　×　　　　　가 : 연필이 있습니까?

　　　　　　　　　　　　　나 : 네, ＿＿＿＿＿＿＿＿＿＿＿＿＿

　　　　　　　　　　　　　가 : 지우개도 있습니까?

　　　　　　　　　　　　　나 : 아뇨, ＿＿＿＿＿＿＿＿＿＿＿＿＿

② ○　　　　×

가 : 교실에 책상이 있습니까?

나 : 네, _____

가 : 의자도 있습니까?

나 : 아뇨, _____

③ ×　　　　○

가 : 남동생이 있습니까?

나 : 아뇨, _____

가 : 여동생은 있습니까?

나 : 네, _____

4. 次の文を韓国語に直しなさい。

① 韓国に友達がいますか？　_____

② お金がありません。　_____

③ 今時間がありますか？　_____

④ 今日約束がありません。　_____

새단어 （新しい単語）

CD35

한국어[한구거]	韓国語(韓國語)
책	本
일본어[일보너]	日本語
오전	午前
오후	午後
약속[약쏙]	約束
시간	時間
숙제[숙쩨]	宿題
돈	お金
아르바이트	アルバイト
개	犬
식당[식땅]	食堂
손님	お客さん
사람	人
지금	今
오늘	今日
연필	鉛筆
지우개	消しゴム
교실	教室
책상[책쌍]	机(冊床)
의자	椅子
남동생	弟(男同生)
여동생	妹(女同生)

朝鮮半島の地名と行政単位

☞　**日本と韓国間の距離**

　日本列島と朝鮮半島との距離は非常に近い。例えば、福岡～釜山間の距離は東京～大阪間の距離よりも近い。そして、対馬と釜山間の距離は 53 kmであり、晴れた日には対岸を肉眼で見ることができる。フルマラソンが 42.195 km。あと少しでお隣の韓国に届くということである。近い！行きたい！キムチ食べたい！

☞　**韓国の行政単位**

　１特別市(ソウル)、６広域市(釜山、大邱、仁川、光州、大田、蔚山)、９道、市、郡、邑、洞、面の行政単位で構成されている。

　ソウル特別市は日本の東京に、９つの道は道府県にあたり、広域市は政令指定都市に当たる。

☞次のＡ～Ｊは、朝鮮半島各地の地名です。地図上の①～⑩から当てはまるものを選びなさい。

A) 서울　ソウル　(　　　)	B) 부산 釜山 (　　　)
C) 대구　大邱　(　　　)	D) 인천 仁川 (　　　)
E) 광주　光州　(　　　)	F) 대전 大田 (　　　)
G) 제주도 済州島 (　　　)	H) 경주 慶州 (　　　)
I) 평양　平壌　(　　　)	J) 개성 開城 (　　　)

【正解】 J－⑨ I－① H－⑤ G－⑩ E－⑥ F－⑦ D－③ C－⑧ B－④ A－②

제 4과　이것은 무엇입니까?

☞ **Point** : 이, 그, 저, 어느 (指示代名詞)

CD36

노무라 : **이것은** 무엇입니까?

영　진 : **그것은** 책입니다.

노무라 : 무슨 책입니까?

영　진 : 한국어 책입니다.

노무라 : **저것도** 한국어 책입니까?

영　진 : 아뇨, **저** 책은 한국어 책이 아닙니다.
　　　　한일사전입니다.

野　村 :　これは何ですか?
英　珍 :　それは本です。
野　村 :　何の本ですか?
英　珍 :　韓国語の本です。
野　村 :　あれも韓国語の本ですか?
英　珍 :　いいえ、あの本は韓国語の本ではありません。
　　　　　韓日辞書です。

본문어휘 (本文の語彙)

이것은[이거슨]	これは
그것은[그거슨]	それは
저것도[저걷또]	あれも
무엇[무얻]	何
무슨	何の
그	その
한일사전[하닐----]	韓日辞書(----辭典)

CD37

＊ 疑問代名詞

누구	誰	무슨	何の
어디	どこ	무엇	何
어느	どの	뭐	
얼마	いくら	언제	いつ
어떤	どんな	왜	なぜ
어떻게	どのように	몇	何～(いくつ)

CD38

Point 1

● 이, 그, 저, 어느 (指示代名詞)

＋名詞		物		方向		場所	
이	この	이것	これ	이쪽	こちら	여기	ここ
그	その	그것	それ	그쪽	そちら	거기	そこ
저	あの	저것	あれ	저쪽	あちら	저기	あそこ
어느	どの	어느 것	どれ	어느 쪽	どちら	어디	どこ

例

이 사람은 누구입니까?	この人は誰ですか？
그 모자는 얼마입니까?	その帽子はいくらですか？
저 건물은 극장입니다.	あの建物は映画館です。
이것은 무엇입니까?	これは何ですか？
그것은 시계입니다.	それは時計です。
저것은 백화점입니까?	あれはデパートですか？
저쪽에 우체국이 있습니다.	あちらに郵便局があります。
화장실은 어디에 있습니까?	トイレはどこにありますか？

연습문제 (練習問題)

1．次の文を声に出して読んでみましょう。

① 이 손수건은 얼마입니까?
　그
　저

② 이것은 무엇입니까?
　그것
　저것

③ 무슨 영화입니까?
　　　노래
　　　술

④ 그 사전는/은 한국어 사전가/이 아닙니다.
　　구두　　내 것
　　분　　가수

2．次の＿＿＿＿＿＿に 適当な助詞を入れなさい。

① 이것＿＿＿＿　これは　　② 어느 것＿＿＿＿＿　どれが

③ 저것＿＿＿＿　あれも　　④ 그것＿＿＿＿＿＿　それに

55

3．次の_____に適当な言葉を入れなさい（p53, 54 参照）。

① _____ 사람은 _____입니까?　　　あの人は誰ですか？

② _____ 안경은 _____입니까?　　　この眼鏡はいくらですか？

③ _____ 약속이 있습니까?　　　　　いつ約束がありますか？

④ _____ 책은 _____ 책입니까?　　　その本は何の本ですか？

4．　次の絵を見て例にならって文を作りなさい。

例)　한국어 사전(韓国語の辞書)

　가 : 이것은 무엇입니까?
　　　（これは何ですか？）
　나 : 그것은 한국어 사전입니다.
　　　（それは韓国語の辞書です）

① 　지도

　가 : 이것은 무엇입니까?

　나 : _____

② 　병원

　가 : 저것은 무엇입니까?

　나 : _____

③　의사

가 : 저 분은 누구입니까?

나 : _____

④　저기

가 : 은행은 어디입니까?

나 : _____

⑤　이쪽

가 : 지하철역은 어느쪽입니까?

나 : _____

5．次の文を韓国語に直しなさい。

① これは何ですか？　　　_____

② その本は韓国語の本です。　_____

③ トイレはどこですか？　　_____

④ この辞書はいくらですか？　_____

⑤ この人は私のガールフレンドではありません。_____

57

새 단어 （新しい単語）
CD40

누구	誰
모자	帽子
얼마	いくら
건물	建物
극장[극짱]	映画館、劇場
백화점[배콰점]	デパート（百貨店）
우체국	郵便局（郵遞局）
화장실	トイレ（化粧室）
손수건[손쑤건]	ハンカチ
영화[영와]	映画（映畵）
노래	歌
술	お酒
구두	靴
내 것[내껄]	私のもの
분	方
안경	眼鏡
언제	いつ
지도	地図（地圖）
병원	病院
은행[으냉]	銀行
지하철역[지하철력]	地下鉄の駅（地下鐵驛）

結婚式

　　　結婚式や披露宴の風景は日本も韓国もさほど変わらないかのように感じるが、よくよく見ると、やはり異なっている。日本人がびっくりすることの一つに「招待客」があげられるだろう。

　久々に出会った友達から「はい、これ」と言って手渡されたのは、来週に行われるその友達の結婚式の招待状だった。「来週に結婚式があるから是非来てね」とのこと。

　日本では、結婚式の招待客を決めるのは式の数ヶ月前で、2、3ヶ月前には招待状を送付し終え、出欠の返事を待ち、1ヶ月前には招待客もリストアップされているのが平均的な段取りだ。このような日本の慣行をベースに考えると、結婚式の数日前に偶然会った友達を結婚式に誘う、という行動には驚く。

　韓国の結婚式は「誰でも来てね」というスタンスだと言っても過言ではない。教会の前を通りかかった人が、「お、今日はここで結婚式があっているのか、ちょっと寄っていこう」という気持ちで参列することもあると聞く。披露宴も同じく、誰が参加しても歓迎される。一方で、招待状をもらいつつも、当日、所用で欠席することも許される範囲である。

　多く見積もっても招待客は80人ほどしか来ないだろう、と考えていても、式場関係者は「その場合は100人分の食事は用意したほうがいい」と促すのである。

　「誰でも来てね」という韓国のアバウトさと裏腹に日本では数ヶ月前に人数を決めるという計画性。日韓カップルが結婚式を挙げる際には、この習慣の違いを事前に親戚等に説明しなくては当日「え！？」ということが起きなくもないだろう。

제 5과 어디에 갑니까?

☞ **Point** : 体言＋～를/을（～を）、体言＋～에서（～で）
語幹＋～(스)ㅂ니다（～です、～ます）

CD41

영　진 : 노무라 씨, 어디에 갑니까?

노무라 : 도서관에 갑니다.

영　진 : 도서관에서 무엇을 합니까?

노무라 : 한국어 공부를 합니다.

영　진 : 점심은 어디에서 먹습니까?

노무라 : 학생 식당에서 먹습니다.

英　珍　：　野村さん、どこに行きますか？
野　村　：　図書館に行きます。
英　珍　：　図書館で何をしますか？
野　村　：　韓国語の勉強をします。
英　珍　：　昼食はどこで食べますか？
野　村　：　学生食堂で食べます。

본문어휘 （本文の語彙）

가다	行く
도서관	図書館(圖----)
～에서	～で(場所)
～를/을	～を
하다	する
한국어 공부[한구거----]	韓国語の勉強(韓國語工夫)
점심	昼食(點心)
먹다[먹따]	食べる
학생 식당[학쌩식땅]	学生食堂(學生----)

Point 1

● 体言＋～를/을 （～を）

体言の最後にパッチム（無）→　～를
体言の最後にパッチム（有）→　～을

例

나를	私を	식당을	食堂を
버스를	バスを	도서관을	図書館を

● 体言＋～에서 （～で）

☞ 場所や出発点を表す助詞です。

例

집에서 한국어 공부를 합니다.	家で韓国語の勉強をします。
극장에서 영화를 봅니다.	映画館で映画を見ます。

Point 2

● 語幹＋～(스)ㅂ니다. (～です、～ます)

語幹の最後にパッチム（無）　→　語幹＋～ㅂ니다
語幹の最後にパッチム（有）　→　語幹＋～습니다
ㄹ語幹　　　　　　　　　　　→　語幹(ㄹ脱落)＋～ㅂ니다

基本形	語幹		現在形	疑問形
가다 行く	가	＋ ㅂ니다	갑니다 行きます	갑니까? 行きますか?
오다 来る	오		옵니다 来ます	옵니까? 来ますか?
먹다 食べる	먹	＋ 습니다	먹습니다 食べます	먹습니까? 食べますか?
입다 着る	입		입습니다 着ます	입습니까? 着ますか?
살다 住む	살	ㄹ脱落 ＋ ㅂ니다	삽니다 住んでいます	삽니까? 住んでいますか?
멀다 遠い	멀		멉니다 遠いです	멉니까? 遠いですか?

☞ **語幹**：韓国語の用言（動詞・形容詞・存在詞・指定詞）の基本形は
　　　全て「～다」で終わります。基本形から「～다」を抜いた部分
　　　が「語幹」になります（＝語幹は「タヌキ」した部分）。

例

어디에 갑니까?	どこに行きますか?
비가 옵니다.	雨が降っています。
무엇을 먹습니까?	何を食べますか?
청바지를 입습니다.	ジーパンをはきます。
서울에 삽니다.	ソウルに住んでいます。
지하철역은 멉니다.	地下鉄の駅は遠いです。

연습문제 (練習問題)

1. 次の言葉を声に出して読んでみましょう。 (CD42)

① 보다(見る)　　봅니다　　봅니까?
하다(する)　　합니다　　합니까?
사다(買う)　　삽니다　　삽니까?
타다(乗る)　　탑니다　　탑니까?
쓰다(書く)　　씁니다　　씁니까?

② 읽다(読む)　　읽습니다　　읽습니까?
많다(多い)　　많습니다　　많습니까?
좋다(良い)　　좋습니다　　좋습니까?
있다(ある)　　있습니다　　있습니까?
없다(ない)　　없습니다　　없습니까?

③ 만들다(作る)　　만듭니다　　만듭니까?
알다(知る)　　압니다　　압니까?
놀다(遊ぶ)　　놉니다　　놉니까?
울다(泣く)　　웁니다　　웁니까?

2. Point1 を参考にして_____に適当な助詞を入れなさい。

① 택시_____　タクシーを
② 취미_____　趣味を
③ 이것_____　これを
④ 책_____　本を
⑤ 식당_____　食堂で
⑥ 학교_____　学校で

3．次の例にならって質問に答えなさい。

> 例）은행(銀行) / 가다(行く)
>
> 어디에 갑니까?   →   <u>은행에 갑니다.</u>
> （どこに行きますか？）   （銀行に行きます）

① 한국말 / 배우다
   무엇을 배웁니까? → _____

② 커피 / 마시다
   무엇을 마십니까? → _____

③ 음악 / 듣다
   무엇을 합니까?   → _____

④ 의자 / 앉다
   어디에 앉습니까? → _____

⑤ 빵 / 만들다
   무엇을 만듭니까? → _____

4．次の絵を見て例にならって文を作りなさい。

> 例）집(家) / 한국어(韓国語) / 공부하다(勉強する)
>
>
>
> 가：무엇을 합니까?
>   （何をしますか？）
>
> 나：<u>집에서 한국어를 공부합니다.</u>
>   （家で韓国語を勉強します）

① 친구 집 / 숙제 / 하다

가：무엇을 합니까?

나：_____

② 도서관 / 한국어 책 / 읽다

가 : 무엇을 합니까?

나 : _____

③ 식당 / 비빔밥 / 먹다

가 : 무엇을 합니까?

나 : _____

④ 시장 / 김치 / 사다

가 : 무엇을 합니까?

나 : _____

5．次の文を韓国語に直しなさい。

① どこに行きますか?　_____

② 図書館で何をしますか?　_____

③ 昼食はどこで食べますか?　_____

④ この建物にトイレはありますか?_____

새단어 （新しい単語）

CD43

보다	見る
오다	来る
입다［입따］	着る
살다	住む
멀다	遠い
비	雨
청바지	ジーパン（青----）
사다	買う
타다	乗る
쓰다	書く
읽다［익따］	読む
많다［만타］	多い
좋다［조타］	良い
있다［인따］	いる、ある
없다［업따］	いない、ない
알다	知る
놀다	遊ぶ
울다	泣く
만들다	作る
택시［택씨］	タクシー
한국말［한궁말］	韓国語（韓國--）
배우다	習う
커피	コーヒー
마시다	飲む
음악［으막］	音楽（音樂）
듣다［듣따］	聞く
앉다［안따］	座る
빵	パン
비빔밥［비빔빱］	ビビンバ
시장	市場

ユンノリ（윷놀이）

　　　　ユンノリとは、いわゆる韓国の「すごろく」であり、伝統的な遊び
のひとつとして親しまれている。ユンノリの歴史は古く、約１５００年前の百済時代
から伝わっていると言われ、正月など親戚が集まる時に、特に行われる。室内でも庭
でも手軽に楽しめ、老若男女問わず、現在でも盛んな遊びである。

　ユンノリは、「ユッ（윷）」と呼ばれる４本の短い木の棒を投げ、その結果にし
たがって駒を進め、先に上がった人が勝ちとなる。つまり、「ユッ（윷）」はさ
いころの役目をしているのであるが、その形がおもしろい。さいころは６面立方
体であるが、「ユッ（윷）」は、一面が平になっており、投げたときに、この平
な面が下になっているか上になっているかによって１から５の数字が決まり、そ
の数だけ駒を進める。

　４本の「ユッ（윷）」を投げ、地面に落ちたときの木の音がとても心地よい。
正月、韓服を着た子供たちが庭でユンノリをしている姿を想像するとなんともほ
ほえましい。

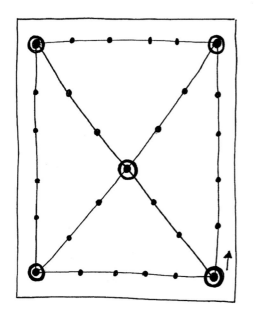
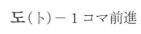
도(ト)－１コマ前進

개(ケ)－２コマ前進

걸(コル)－３コマ前進

윷(ユッ)－４コマ前進

모(モ)－５コマ前進

제 6과 좋아하지 않습니다.

☞ **Point** : 안＋用言 / 語幹＋〜지 않습니다（〜ではありません）
　　　　　　体言＋〜（이）요?（〜ですか？）

CD44

영　진 : 노무라 씨는 한국 음식을 좋아합니까?

노무라 : 네, 좋아합니다.

영　진 : 무엇을 좋아합니까?

노무라 : 불고기를 제일 좋아합니다.

영　진 : 불고기**요**?

　　　　김치는 **안** 좋아합니까?

노무라 : 네, 별로 좋아하지 **않습니다.**

불고기

이영진　　　노무라 유키

英　珍 :	野村さんは韓国料理が好きですか？
野　村 :	はい、好きです。
英　珍 :	何が好きですか？
野　村 :	ブルゴギが一番好きです。
英　珍 :	ブルゴギですか？
	キムチは好きではないですか？
野　村 :	はい、あまり好きではありません。

본문어휘（本文の語彙）

한국 음식[한구금식]	韓国料理(韓國飲食)
〜를/을 좋아하다[조아하다]	〜が好きだ
불고기	ブルゴギ
제일	一番(第一)
〜(이)요?	〜ですか?
안〜	〜ではありません(用言の前置否定形)
〜지 않습니다	〜ではありません(用言の後置否定形)
별로	あまり、それほど

＊　〜를/을 좋아하다（〜が好きだ）：「좋아하다」を直訳すると「好む」という動詞
　　です。このため、助詞には「〜を」を意味する「〜를/을」を使います。
　　すなわち、日本語では「私はキムチが好きです/私はキムチが嫌いです」と表現し
　　ますが、韓国語では「저는 김치를 좋아합니다/저는 김치를 싫어합니다」と表現
　　します。間違って「〜가/이 좋아합니다」と言わないように注意しましょう。

불고기를 좋아합니다.　　　　　불고기를 싫어합니다.
　（ブルゴギが好きです）　　　　　（ブルゴギが嫌いです）

비빔밥을 좋아합니다.　　　　　비빔밥을 싫어합니다.
　（ビビンバが好きです）　　　　　（ビビンバが嫌いです）

＊　하다用言（主に動詞）の場合は「〜하다」→「〜안 하다」となるので注意しましょう。

基本形	×	○	○
공부하다 勉強する	안 공부합니다 勉強しません	공부 안 합니다 勉強しません	공부하지 않습니다 勉強しません
요리하다 料理する	안 요리합니다 料理しません	요리 안 합니다 料理しません	요리하지 않습니다 料理しません
운전하다 運転する	안 운전합니다 運転しません	운전 안 합니다 運転しません	운전하지 않습니다 運転しません

Point 1

● 안＋用言
語幹＋〜지 않습니다.

☞ 用言の否定形は２種類あります。
① 用言の前に「안」を置く「前置否定形」（話し言葉でよく使われる）
② 語幹の後に「〜지 않다」を付ける「後置否定形」（文章でよく使われる）

基本形	現在形	前置否定形	後置否定形
가다 行く	갑니다 行きます	안 갑니다 行きません	가지 않습니다 行きません
먹다 食べる	먹습니다 食べます	안 먹습니다 食べません	먹지 않습니다 食べません
멀다 遠い	멉니다 遠いです	안 멉니다 遠くありません	멀지 않습니다 遠くありません

Point 2

● 体言＋〜(이)요? （〜ですか？）

体言の最後にパッチム（無）→　〜요?
体言の最後にパッチム（有）→　〜이요?

☞ 基本的に体言に付いて、聞き返しやあいづちを打つとき、念を押すときによく用いられます。

例

저요?	私ですか？	오늘이요?	今日ですか？
왜요?	なぜですか？	약속이요?	約束ですか？

연습문제 (練習問題)

1. 次の文を声に出して読んでみましょう。

① 무엇를/을 좋아합니까? (싫어합니까?)
여행
영화

② 한국음식는/은 별로 좋아하지 **않습니다.**
낚시
커피

③ 드라마는/은 **안** 좋아합니까?
김치
술

④ 어제요?　　　　　　내일이요?
취미　　　　　　　　가족
왜　　　　　　　　　시간

⑤ **만나다**(会う)　만납니다　/ **안** 만납니다　/ 만나지 **않습니다**
　자다(寝る)　잡니다　/ **안** 잡니다　/ 자지 **않습니다**
　좋다(良い)　좋습니다　/ **안** 좋습니다　/ 좋지 **않습니다**
　읽다(読む)　읽습니다　/ **안** 읽습니다　/ 읽지 **않습니다**

2. Point 1 を参考にして「用言の否定形」にしなさい。

> 例) 좋아하다   좋아합니다.   안 좋아합니다.   좋아하지 않습니다.
>   (好きだ)   (好きです)   (好きではありません)   (好きではありません)

① 사다　　　 ＿＿＿＿＿＿＿　　 ＿＿＿＿＿＿＿　　 ＿＿＿＿＿＿＿

② 팔다　　　 ＿＿＿＿＿＿＿　　 ＿＿＿＿＿＿＿　　 ＿＿＿＿＿＿＿

③ 덥다　　　 ＿＿＿＿＿＿＿　　 ＿＿＿＿＿＿＿　　 ＿＿＿＿＿＿＿

④ 춥다　　　 ＿＿＿＿＿＿＿　　 ＿＿＿＿＿＿＿　　 ＿＿＿＿＿＿＿

⑤ 운동하다　 ＿＿＿＿＿＿＿　　 ＿＿＿＿＿＿＿　　 ＿＿＿＿＿＿＿

⑥ 멀다　　　 ＿＿＿＿＿＿＿　　 ＿＿＿＿＿＿＿　　 ＿＿＿＿＿＿＿

3. 次の絵を見て例にならって文を作りなさい。

> 例) 야구를 좋아하다   가 ： 야구를 좋아합니까?(野球が好きですか?)
>   (野球が好きだ)
>   나 ： (×) 아니요, 안 좋아합니다.
>   (いいえ、好きではありません)
>
>   좋아하지 않습니다.
>   (好きではありません)
>
>   (○) 네, 아주 좋아합니다.
>   (はい、とても好きです)

① 책을 읽다

　　　　　　　　　　　　　가 ： 책을 읽습니까?

　　　　　　　　　　　　　나 ： (×) 아니요, ＿＿＿＿＿＿＿＿＿

　　　　　　　　　　　　　　　　＿＿＿＿＿＿＿＿＿

　　　　　　　　　　　　　　　 (○) 네, 자주 ＿＿＿＿＿＿＿＿＿

② 등산을 가다

　　　　　　　　　　　가 :　등산을 갑니까?

　　　　　　　　　　　나 :　(×) 아니요, _____

　　　　　　　　　　　　　　　　　　_____

　　　　　　　　　　　　　　(○) 네, 자주 _____

③ 날씨가 좋다

　　　　　　　　　　　가 :　날씨가 좋습니까?

　　　　　　　　　　　나 :　(×) 아니요, _____

　　　　　　　　　　　　　　　　　　_____

　　　　　　　　　　　　　　(○) 네, 아주 _____

4．次の文を韓国語に直しなさい。

① 何が一番好きですか？　　　_____

② あまり好きではありません。　_____

③ お酒ですか？嫌いです。　　_____

④ 今日は学校に行きません。　_____

⑤ キムチはどこで売っていますか？_____

🔘 새 단어 (新しい単語)
CD46

공부하다	勉強する(工夫----)
요리하다	料理する
운전하다[운저나다]	運転する
왜	なぜ
여행	旅行
낚시[낙씨]	釣り
드라마	ドラマ
내일	明日(來日)
어제	昨日
가족	家族
만나다	会う
자다	寝る
팔다	売る
덥다[덥따]	暑い
춥다[춥따]	寒い
운동하다[----아다]	運動する
야구	野球
아주	とても、大変
자주	よく、しょっちゅう
등산	登山

キムチワールド

　　　　キムチと言えば韓国、韓国と言えばキムチ、を連想する人は多いだろう。キムチの種類は２００を超える。ここまで多くなくても、一般家庭には白菜キムチ、水キムチ、きゅうりのキムチ、ゴマの葉のキムチなど、１０種類を超えるキムチがキムチ専用の冷蔵庫に常備されている。レストランに行っても、注文した品物以外に、キムチは無料でテーブルに運ばれる。キムチの小皿が空になると、店員は無言でおかわりを持ってきてくれる。

　日本で行われた披露宴に韓国から参加した人々が「キムチは出ないのか」と口々に言い、結局、キムチなしの料理は物足りなかったのか、宴後、ホテルの部屋で韓国から持ってきたキムチを広げて皆でくつろいでいたという話を聞いた。２泊程度の旅行でもキムチは必需品なのだ。

　友人の母親は、日本に住む息子夫婦に会いに、韓国から自分でつけたキムチを１０種類ほど大きなビンに詰めて持ってきて、その日からキムチをテーブルに並べていたそうだ。そして、大量のキムチを保管するために、「キムチ専用の冷蔵庫を買ってみたら？」と。

　キムチ好きの日本人は多く、日本でもスーパーには数種類のキムチが売られ、ファーストフードでもキムチ味のポテトを売り出し、キムチ味のスナック菓子も発売されている。日本以外でもキムチ市場は拡大しており、バルセロナ、アトランタ、シドニーなどのオリンピック大会で参加選手の食事メニューに採用されたと聞く。

　朗らかでパワフルな韓国人の国民性と、刺激的なキムチの味はどこに行っても受け入れられるのであろう。

제 7과　생일이 언제예요?

☞ **Point** ： 体言＋～예요/～이에요 (～です)
　　　　　 漢数字

CD47

영　진 : 생일이 언제예요?

노무라 : 12월 25일이에요.
　　　　 (십이)　(이십오)

영　진 : 와~! 생일이 크리스마스예요?

노무라 : 네, 영진 씨는 언제예요?

영　진 : 저는 10월 9일, 한글날이에요.
　　　　　　 (시)　(구)

생일

英　珍 ：　誕生日はいつですか？
野　村 ：　12月25日です。
英　珍 ：　わぁ～、誕生日がクリスマスですか？
野　村 ：　はい、英珍さんはいつですか？
英　珍 ：　私は10月9日、ハングルの日です。

노무라 유키　　　이영진

본문어휘 （本文の語彙）

생일	誕生日(生日)
～예요/이에요	～です
～월	～月
～일	～日
와!	わぁ！
크리스마스	クリスマス
한글날[한글랄]	ハングルの日

● ●

Point 1

● 体言＋～예요／～이에요 （～です）

体言の最後にパッチム（無）→　～예요

体言の最後にパッチム（有）→　～이에요

☞ p70 の Point 2 の「体言＋～(이)요?」と同じ意味として訳されますが、聞き手に対して丁寧に言うときに使われます。

☞ 否定の場合は「体言＋～가/이 아니에요」になります。

例 文

친구예요	友達です。	책이에요	本です。
얼마예요?	いくらですか?	애인이에요?	恋人ですか?

CD48

Point 2

● 漢数字の読み方

☞ 数詞には日本語と同じように、「漢数字」(いち、に、さん…)と
「固有数字」 (ひとつ、ふたつ、みっつ…) があります。この課
ではまず漢数字を勉強しましょう。
漢数字は日付「〜월(月)」「〜일(日)」や番号「〜番(번)」などを
数えるときに使います。

1 일	11 십일	21 이십일	40 사십
2 이	12 십이	22 이십이	50 오십
3 삼	13 십삼	23 이십삼	60 육십
4 사	14 십사	24 이십사	70 칠십
5 오	15 십오	25 이십오	80 팔십
6 육	16 십육	26 이십육	90 구십
7 칠	17 십칠	27 이십칠	百 백
8 팔	18 십팔	28 이십팔	千 천
9 구	19 십구	29 이십구	万 만
10 십	20 이십	30 삼십	億 억

注意

※1：0は「영(零)」「공(空)」と読みます。
※2：百、千、万の前には「일(いち)〜」を付けないのが
　　　普通です。
※3：16「십육」→[심늌]、26「이십육」→[이심늌]　の
　　　発音には注意しましょう。

☞　漢数字には次の助数詞が続きます。

① 년 (年) ···●

이천이 년(2002 年)　　　이천팔 년(2008 年)　　　천구백오십 년(1950 년)

② 월 (月)　　6月と10月の発音に注意！ ·················●

일월(1 月)　　　이월(2 月)　　　삼월(3 月)　　　사월(4 月)　　　오월(5 月)

유월(6 月)　　　칠월(7 月)　　　팔월(8 月)　　　구월(9 月)　　　시월(10 月)

십일월(11 月)　　십이월(12 月)

③ 일 (日) ···●

일 일(1 日)　　　오 일(5 日)　　　십 일(10 日)　　　삼십일 일(31 日)

④ 분 (分) ···●

오 분(5 分)　　　십오 분(15 分)　　　삼십 분(30 分)　　　사십오 분(45 分)

⑤ 학년 (年生) ···●

일 학년(1 年生)　　　　이 학년(2 年生)　　　　삼 학년(3 年生)

사 학년(4 年生)　　　　오 학년(5 年生)　　　　육 학년(6 年生)

⑥ 번 (番) ···●

일 번(1 番)　　　오 번(5 番)　　　팔 번(8 番)　　　십 번(10 番)

⑦ 층 (階) ···●

일 층(1 階)　　　이 층(2 階)　　　삼 층(3 階)　　　십 층(10 階)

⑧ 원 (ウォン) ···●

십 원(10 ウォン)　　　　백 원(100 ウォン)　　　　오백 원(500 ウォン)

천 원(1,000 ウォン)　　　만 원(10,000 ウォン)　　　십만 원(100,000 ウォン)

※ その他、〜秒(초)、〜キロ(킬로)、〜グラム(그램)、〜ページ(페이지)、
　〜課(과)、〜人前(인분)、〜回(회)などの助数詞もよく使われます。

연습문제 (練習問題)

1. 次の文を声に出して読んでみましょう。

① 영진 씨, 생일가/이 언제예요?
　　　 시험
　　　 휴가
　　　 회의

② 12월 25일은 무슨 날이에요?　　크리스마스예요/이에요.
　5월　5일　　　　　　　　　어린이날
　5월　8일　　　　　　　　　어버이날
　4월　5일　　　　　　　　　식목일

③ 이 목걸이는/은 얼마예요?
　반지　　　 80,000 원이에요.
　모자　　　 6,000
　신발　　　 49,900

④ 화장실은 몇 층에 있습니까?
　　　 1층
　　　 3층
　　　 어디

2.　Point 2 を参考にして韓国語（漢数字）にしなさい。

　　　① 1　　　＿＿＿＿＿＿＿＿　　　② 3　　　＿＿＿＿＿＿＿＿＿＿

　　　③ 7　　　＿＿＿＿＿＿＿＿　　　④ 1 0　　＿＿＿＿＿＿＿＿＿＿

　　　⑤ 3 8　　＿＿＿＿＿＿＿＿　　　⑥ 9 2　　＿＿＿＿＿＿＿＿＿＿

　　　⑦ 1 2 3　＿＿＿＿＿＿＿＿　　　⑧ 3 9 7　＿＿＿＿＿＿＿＿＿＿

3.　次の絵を見て例にならって文を作りなさい （p78, 79参照）。

例）　　안경 / 53,000 원

가 : 이 안경은 얼마예요?
（このメガネはいくらですか？）
나 : 오만 삼천 원이에요.
（5万3千ウォンです）

①　넥타이 / 28,000 원

가 : 이 넥타이는 얼마예요?

나 : ＿＿＿＿＿＿＿＿＿＿＿＿＿＿＿＿＿

②　카메라 / 460,000 원

가 : 그 카메라는 얼마예요?

나 : ＿＿＿＿＿＿＿＿＿＿＿＿＿＿＿＿＿

③   스승의 날 / 5 월 15 일

가 : 스승의 날은 언제예요?

나 : ＿＿＿＿＿＿＿＿＿＿＿＿

④   생일 / 6 월 17 일

가 : 생일이 언제예요?

나 : ＿＿＿＿＿＿＿＿＿＿＿＿

⑤   사무실 / 2 층

가 : 사무실이 어디예요?

나 : ＿＿＿＿＿＿＿＿＿＿＿＿

⑥   전화번호 / 314-2406

가 : 전화번호가 몇 번이에요?

나 : ＿＿＿＿＿＿＿＿＿＿＿＿

4．次の文を韓国語に直しなさい。

① 誕生日はいつですか?　＿＿＿＿＿＿＿＿＿＿＿＿

② 8 月 31 日です。　＿＿＿＿＿＿＿＿＿＿＿＿

③ 電話番号は 793-6025 です。　＿＿＿＿＿＿＿＿＿＿＿＿

④ そのハンカチは 8,000 ウォンです。　＿＿＿＿＿＿＿＿＿＿＿＿

⑤ 6 月は暑くありません。　＿＿＿＿＿＿＿＿＿＿＿＿

새단어 （新しい単語）

CD50

친구	友達（親舊）
애인	恋人（愛人）
시험	試験（試驗）
휴가	休暇
회의[회이]	会議（會議）
～날	～の日
어린이날[어리니날]	子供の日
어버이날	父母の日
식목일[싱모길]	みどりの日（植木日）
～원	～ウォン
목걸이[목꺼리]	ネックレス
반지	指輪（斑指）
신발	履き物
몇 층[면층]	何階（--層）
넥타이	ネクタイ
카메라	カメラ
스승의 날[스승에날]	先生の日
사무실	事務室
전화번호[저놔버노]	電話番号

제 8 과 김밥 얼마예요?

☞ **Point** : 体言＋하고(〜と)
　　　　　　固有数字

CD51

노 무 라 : 아주머니, 김밥 얼마예요?

아주머니 : **천** 원이에요.

노 무 라 : 어묵은 얼마예요?

아주머니 : **오백** 원이에요.

노 무 라 : 그럼, 김밥 **하나하고** 어묵 **세 개**
　　　　　　주세요.

아주머니 : 네, 잠깐만요.

野　　村	:	おばさん、のり巻きいくらですか?
おばさん	:	1,000 ウォンです。
野　　村	:	おでんはいくらですか?
おばさん	:	500 ウォンです。
野　　村	:	それでは、のり巻き 1 つとおでん 3 つください。
おばさん	:	はい、ちょっと待ってください。

본문어휘 (本文の語彙)

아주머니	おばさん
김밥	のり巻き
천 원[처눤]	1,000 ウォン
어묵	おでん
오백 원[오배권]	500 ウォン
그럼(＝그러면)	では、それでは
하나	一つ
～하고	～と
～개	～個
주세요	ください
잠깐만요[잠깐만뇨]	ちょっと待ってください

Point 1

● 体言＋～하고 （～と）

☞ 名詞と名詞を対等に列挙する「～と」に当たる助詞です。

☞ 「～하고」と同じ意味をもつものとして「～와/과」「～(이)랑」
があEります が、前に来る単語の最後にパッチムがあるかないか
によって活用方法が異なるので気をつけましょう。

☞ 「～(이)랑」「～하고」「～와/과」の順で話し言葉として
よく使います。

	～하고	～ 와/과	～(이)랑
パッチム(無)	사과하고 배	사과와 배	사과랑 배
パッチム(有)	일본하고 한국	일본과 한국	일본이랑 한국

CD52

Point 2

● 固有数字の読み方

☞ この課では固有数字を勉強しましょう。
固有数字は物「〜개(個)」や人「〜명(名)」、時間「〜시(時)」
などを数えるときに使います。韓国語では固有数字を使う頻度が
高いので使いこなせるようにしましょう。

1つ 하나	11 열하나	21 스물하나	40 마흔
2つ 둘	12 열둘	22 스물둘	50 쉰
3つ 셋	13 열셋	23 스물셋	60 예순
4つ 넷	14 열넷	24 스물넷	70 일흔
5つ 다섯	15 열다섯	25 스물다섯	80 여든
6つ 여섯	16 열여섯	26 스물여섯	90 아흔
7つ 일곱	17 열일곱	27 스물일곱	99 아흔아홉
8つ 여덟	18 열여덟	28 스물여덟	百 백
9つ 아홉	19 열아홉	29 스물아홉	
10　열	20 스물	30 서른	

注意

※1：韓国語には1〜99まで固有数字があります。
百・千・万・億・兆は漢数字しかありません。
※2：次の5つの固有数字は助数詞の前ではその形が変わ
りますので注意しましょう。
하나(1つ) → 한　　　둘(2つ) → 두
셋 (3つ) → 세　　　넷(4つ) → 네
스물(20) → 스무
※3 漢 数 字：時間や時刻の分と秒、年月日、番号、金額、
計測値など。
固有数字：「ひとつ、ふたつ」と数えるなど、主に
個数を示す。（何個、何枚、何人など）

☞　**固有数字には次の助数詞が続きます。**

① **개(個)** ....•
한 개(1個)　　두 개(2個)　　세 개(3個)　　네 개(4個)　　다섯 개(5個)

② **시(時)** ....•
한 시(1時)　　두 시(2時)　　세 시(3時)　　네 시(4時)　　다섯 시(5時)

③ **시간(時間)** ....•
한 시간(1時間)　　　　세 시간(3時間)　　　　다섯 시간(5時)

④ **살(歳)** ....•
한 살(1歳)　　　　열 살(10歳)　　　　열여덟 살(18歳)
스무 살(20歳)　　　스물네 살(24歳)　　　서른 살(30歳)

⑤ **명/사람(名/人)** ....•
한 명(1名)　　　　세 명(3名)　　　　다섯 명(5名)

⑥ **달(月)** ....•
한 달(ひと月)　　　　두 달(ふた月)　　　　세 달(み月)

⑦ **마리(匹)** ....•
한 마리(1匹)　　　　세 마리(3匹)　　　　다섯 마리(5匹)

⑧ **번(回)** ....•
한 번(1回)　　　　세 번(3回)　　　　다섯 번(5回)

※ その他、〜권(冊) 、〜벌(着)、〜병(瓶)、〜잔(杯)、〜장(枚)、〜대(台)などの助数詞もよく使われます。

※ 「몇〜(何〜)」は数を聞く時に使う疑問連体詞で、単位を表す助数詞の前につきます。
　　例）몇 시입니까?　　　何時ですか？
　　　　몇 개입니까?　　　何個ですか？

연습문제 (練習問題)

1. 次の文を声に出して読んでみましょう。

① 영진 씨는 애인하고 영화관에 갑니다.
　　　　　　친구　　 산
　　　　　　동생　　 바다

② 의자와/과 책상　　　　　③ 의자(이)랑 책상
　　책상　　 의자　　　　　　　책상　　 의자
　　담배　　 술　　　　　　　　담배　　 술
　　술　　　 담배　　　　　　　술　　　 담배

④ 이 사과는 다섯 개에 얼마예요?
　　　　　　두
　　　　　　세
　　　　　　한

⑤ 지금 몇 시입니까? (今何時ですか？)

오전 10:15　　　　　　오후 2:30　　　　　　오후 7:45

２. Point 2 を参考にして韓国語（固有数字）にしなさい。

① 1 ＿＿＿＿＿＿　　② 2 ＿＿＿＿＿＿

③ 3 ＿＿＿＿＿＿　　④ 8 ＿＿＿＿＿＿

⑤ 10 ＿＿＿＿＿＿　　⑥ 13 ＿＿＿＿＿＿

⑦ 20 ＿＿＿＿＿＿　　⑧ 30 ＿＿＿＿＿＿

３. 次の語を使って「〜と〜を〜ます」という文を作りなさい。

① 김밥 / 어묵 / 먹다　　→ ＿＿＿＿＿＿＿＿＿＿

② 편지 / 엽서 / 보내다　　→ ＿＿＿＿＿＿＿＿＿＿

③ 신발 / 양말 / 사다　　→ ＿＿＿＿＿＿＿＿＿＿

④ 바지 / 티셔츠 / 입다　　→ ＿＿＿＿＿＿＿＿＿＿

４. 次の絵を見て文を作りなさい（p84, 85 参照）。

① 지우개/7 개　② 술/3 병　③ 고양이/5 마리　④ 자동차/2 대

① ＿＿＿가/이 ＿＿＿ 있습니다.

② ＿＿＿가/이 ＿＿＿ 있습니다.

③ ＿＿＿가/이 ＿＿＿ 있습니다.

④ ＿＿＿가/이 ＿＿＿ 있습니다.

5． 次の絵を見て例にならって文を作りなさい。

例）　9：20

가 : 지금 몇 시입니까?
　　（今何時ですか？）
나 : <u>아홉 시 이십 분이에요.</u>
　　（9時20分です）

① 　2：30

가 : 지금 몇 시입니까?

나 : ＿＿＿＿＿＿＿＿＿＿＿＿

② 　8：43

가 : 지금 몇 시입니까?

나 : ＿＿＿＿＿＿＿＿＿＿＿＿

③ 　11：25

가 : 지금 몇 시입니까?

나 : ＿＿＿＿＿＿＿＿＿＿＿＿

6． 次の文を韓国語に直しなさい。

① 友達と海に行きます。　＿＿＿＿＿＿＿＿＿＿＿＿

② ちょっと待ってください。　＿＿＿＿＿＿＿＿＿＿＿＿

③ 韓国語はひと月に４回あります。　＿＿＿＿＿＿＿＿＿

④ 私は18歳ではありません。　＿＿＿＿＿＿＿＿＿＿＿

새 단어 （新しい単語）

배	梨
사과	りんご
산	山
영화관[영와관]	映画館(映畵館)
바다	海
～와/과	～と
～(이)랑	～と
담배	タバコ
몇～	何～
～시	～時
～분	～分
편지	手紙(便紙)
엽서[엽써]	葉書
보내다	送る
양말	靴下(洋襪)
바지	ズボン
티셔츠	Ｔシャツ
자동차	自動車

제 9과   후쿠오카에 살아요.

☞ **Point** : 語幹＋〜아/어요 （〜です、〜ます）

CD55

영   진 : 노무라 씨는 가족이 어떻게 돼요?

노무라 : 부모님하고 언니가 하나 있어요.

영   진 : 가족은 어디에 살아요?

노무라 : 부모님은 후쿠오카에 살아요.
　　　　언니는 도쿄에 있어요.

영   진 : 저는 할머니, 아버지, 어머니,
　　　　여동생이 있어요.
　　　　여동생은 대학생이에요.

英　珍 ：　野村さんは何人家族ですか？
野　村 ：　両親と姉が一人います。
英　珍 ：　家族はどこに住んでいますか？
野　村 ：　両親は福岡に住んでいます。
　　　　　姉は東京にいます。
英　珍 ：　私は祖母、父、母、妹がいます。
　　　　　妹は大学生です。

본문어휘（本文の語彙）

어떻게［어떠케］	どのように
～아/어요	～です/ます（くだけた表現）
부모님	両親(父母--)
후쿠오카	福岡
도쿄	東京
할머니	おばあさん

CD56

가족소개（家族紹介）

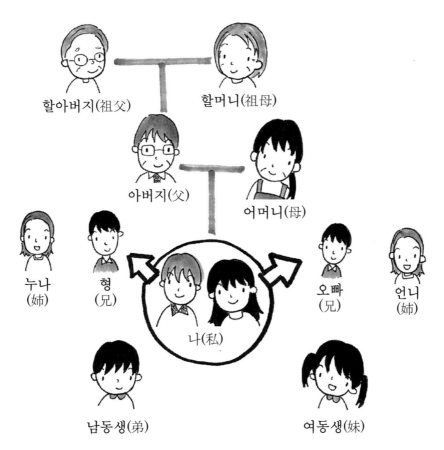

할아버지(祖父)　할머니(祖母)
아버지(父)　어머니(母)
누나(姉)　형(兄)　나(私)　오빠(兄)　언니(姉)
남동생(弟)　여동생(妹)

93

Point 1

● 語幹＋〜아/어요（〜です、〜ます）

語幹末尾が「ㅏ,ㅗ」(陽母音)の場合 　　　→ 語幹＋〜아요
語幹末尾が「ㅏ,ㅗ以外」(陰母音)の場合 → 語幹＋〜어요
「하다」用言は例外に 　　　　　　　　→ 해요

基本形	語幹		現在形	疑問形
살다 住む	살	+ 아요	살아요 住んでいます	살아요? 住んでいますか?
좁다 狭い	좁		좁아요 狭いです	좁아요? 狭いですか?
먹다 食べる	먹	+ 어요	먹어요 食べます	먹어요? 食べますか?
입다 着る	입		입어요 着ます	입어요? 着ますか?
하다 する	하	+ 여요	해요 します	해요? しますか?
사랑하다 愛する	사랑하		사랑해요 愛しています	사랑해요? 愛していますか?

☞ 疑問文の場合は語尾をあげて発音するようにしましょう。

　　가요(↘)　　　　가요? (↗)

☞ 語幹がパッチム(無)で終わっている用言の場合は縮約形になりますので、注意しましょう。→ p95 参考

☞ 変則活用に関しては p150〜155 参考

現 在 縮 約 形

※ 語幹の後で「아/어」が脱落するもの

	語幹末＋語尾	縮約形	例
①	ㅏ + 아요	ㅏ요	가다(行く) → 가요(行きます)
②	ㅓ + 어요	ㅓ요	서다(立つ) → 서요(立ちます)
③	ㅐ + 어요	ㅐ요	내다(出す) → 내요(出します)
④	ㅔ + 어요	ㅔ요	세다(強い) → 세요(強いです)
⑤	ㅕ + 어요	ㅕ요	켜다(点ける) → 켜요(点けます)

※ 語幹末の母音と「아/어」が融合するもの

	語幹末＋語尾	縮約形	例
⑥	ㅗ + 아요	ㅘ요	오다(来る) → 와요(来ます)
⑦	ㅜ + 어요	ㅝ요	배우다(習う) → 배워요(習います)
⑧	ㅚ + 어요	ㅙ요	되다(なる) → 돼요(なります)
⑨	ㅣ + 어요	ㅕ요	마시다(飲む) → 마셔요(飲みます)

연습문제 (練習問題)

1. 次の言葉を声に出して読んでみましょう。

CD57

① 비싸다(高い)　　　비싸요　　　비쌉니다
　알다(知る)　　　　알아요　　　압니다
　좋다(良い)　　　　좋아요　　　좋습니다
　보다(見る)　　　　봐요　　　　봅니다
　싸다(安い)　　　　싸요　　　　쌉니다

② 보내다(送る)　　　보내요　　　보냅니다
　다니다(通う)　　　다녀요　　　다닙니다
　읽다(読む)　　　　읽어요　　　읽습니다
　있다(ある/いる)　　있어요　　　있습니다
　없다(いない/ない)　없어요　　　없습니다

③ 목욕하다(お風呂に入る)　목욕해요　　목욕합니다
　청소하다(掃除する)　　청소해요　　청소합니다
　시작하다(始める)　　　시작해요　　시작합니다
　일하다(働く)　　　　　일해요　　　일합니다

2．次の単語を「〜아/어요」と「〜스(ㅂ)니다」にしなさい。

① 많다 ＿＿＿＿＿／＿＿＿＿＿　② 가르치다 ＿＿＿＿＿／＿＿＿＿＿

③ 주다 ＿＿＿＿＿／＿＿＿＿＿　④ 놀다 ＿＿＿＿＿／＿＿＿＿＿

⑤ 피우다 ＿＿＿＿＿／＿＿＿＿＿　⑥ 재미있다 ＿＿＿＿＿／＿＿＿＿＿

⑦ 되다 ＿＿＿＿＿／＿＿＿＿＿　⑧ 말하다 ＿＿＿＿＿／＿＿＿＿＿

3．次の単語を使って例のように文を作りなさい。

例) 극장 / 연극 / 보다 　→　극장에서 연극을 봐요.
　　(劇場)　(演劇)　(見る)　　　(劇場で演劇を見ます)

① 백화점 / 선물 / 사다 　→　＿＿＿＿＿＿＿＿＿＿＿＿＿

② 공원 / 자전거 / 타다 　→　＿＿＿＿＿＿＿＿＿＿＿＿＿

③ 커피숍 / 커피 / 마시다 　→　＿＿＿＿＿＿＿＿＿＿＿＿＿

④ 식당 / 점심 / 먹다 　→　＿＿＿＿＿＿＿＿＿＿＿＿＿

⑤ 집 / 신문 / 읽다 　→　＿＿＿＿＿＿＿＿＿＿＿＿＿

⑥ 바다 / 사진 / 찍다 　→　＿＿＿＿＿＿＿＿＿＿＿＿＿

⑦ 학교 / 한국어 / 배우다 　→　＿＿＿＿＿＿＿＿＿＿＿＿＿

⑧ 우체국 / 편지 / 보내다 　→　＿＿＿＿＿＿＿＿＿＿＿＿＿

4．次の絵を見て例にならって文を作りなさい。

例) 지하철 / 버스 / 가다
　　(地下鉄) (バス) (行く)

가 : 학교에 지하철로 가요?
　　(学校に地下鉄で行きますか？)

나 : 아뇨, 지하철로 안 가요.
　　(いいえ、地下鉄で行きません)

　　버스로 가요.
　　(バスで行きます)

① 비 / 눈 / 오다

가 : 지금 비가 와요?

나 : 아뇨, ＿＿＿＿＿＿＿＿＿＿＿

　　＿＿＿＿＿＿＿＿＿＿＿＿＿＿＿

② 영어 / 한국어 / 배우다

가 : 누나는 영어를 배워요?

나 : 아뇨, ＿＿＿＿＿＿＿＿＿＿＿

　　＿＿＿＿＿＿＿＿＿＿＿＿＿＿＿

③ 야구 / 축구 / 좋아하다

가 : 야구를 좋아해요?

나 : 아뇨, ＿＿＿＿＿＿＿＿＿＿＿

　　＿＿＿＿＿＿＿＿＿＿＿＿＿＿＿

5．次の文を韓国語に直しなさい。

① 家族はどこに住んでいますか？　＿＿＿＿＿＿＿＿＿＿＿＿＿＿＿＿

② ソウルに友達がいます。　　　　＿＿＿＿＿＿＿＿＿＿＿＿＿＿＿＿

③ この自転車は高いですか？　　　＿＿＿＿＿＿＿＿＿＿＿＿＿＿＿＿

④ 7時30分に学校に行きます。　　＿＿＿＿＿＿＿＿＿＿＿＿＿＿＿＿

새 단어 （新しい単語）

좁다[좁따]	狭い
사랑하다[----아다]	愛する
서다	立つ
내다	出す
세다	強い
켜다	点ける
싸다	安い
비싸다	(値段が)高い
다니다	通う
일하다[이라다]	働く
청소하다	掃除する(清掃----)
목욕하다[모교카다]	風呂に入る(沐浴----)
시작하다[시자카다]	始める(始作----)
가르치다	教える
주다	やる、くれる
피우다	吸う
재미있다[----읻따]	面白い
말하다[마라다]	話す
연극	演劇
선물	プレゼント(膳物)
공원	公園
자전거	自転車(自轉車)
커피숍	コーヒーショップ
신문	新聞
사진	写真(寫眞)
찍다[찍따]	撮る
눈	雪
축구[축꾸]	サッカー(蹴球)

제 10과 말씀 좀 묻겠습니다.

☞ **Point** : 語幹＋〜겠（〜します）意志
位置を示す名詞

CD59

노무라 : 저기요. 말씀 좀 묻겠습니다.
　　　　　관광 안내소가 어디에 있어요?
아저씨 : 미안합니다. 잘 모르겠습니다.

· ·

노무라 : 실례합니다.
　　　　　관광 안내소가 어디에 있어요?
학　생 : 저기 편의점 **앞**에 우체국이 있어요.
　　　　　그 우체국 **옆** 건물이에요.
노무라 : 네, 감사합니다.

野　　村：あの……ちょっとお尋ねいたします。
　　　　　観光案内所はどこにありますか？
おじさん：すみません、よく分かりません。

野　　村：失礼します。
　　　　　観光案内所はどこにありますか？
学　　生：あそこのコンビニの前に郵便局があります。
　　　　　その郵便局の隣の建物です。
野　　村：はい、ありがとうございます。

본문어휘 （本文の語彙）

아저씨	おじさん
저기요	あのですね、すみません
말씀 좀 묻겠습니다[묻껟씀니다]	ちょっとお尋ねいたします
관광 안내소	観光案内所(観光----)
미안합니다[미아남니다]	すみません
잘 모르겠습니다[--모르겓씀니다]	よく分かりません
실례합니다[실레함니다]	失礼します(失禮----)
편의점[펴니점]	コンビニ(便宜店)
앞	前
옆	横、隣
감사합니다[----함니다]	ありがとうございます(感謝----)

Point 1

● 語幹＋〜겠 （〜します）

☞ 英語の助動詞 will とよく似た用法を持って**未来時制**を表します。
また、未来の意味とともに人称によっては「**意志**」「**推量**」「**控えめ
な気持ち**」を表します。

例

내일 다시 오**겠**습니다.	明日また来ます。
오후에 전화하**겠**습니다.	午後、電話します。
저는 냉면을 먹**겠**어요.	私は冷麺を食べます。

CD60

Point 2

● 位置を示す名詞

앞	뒤	옆	위	아래,밑	안,속	밖	곁	오른쪽	왼쪽
前	後	横	上	下	中	外	外側	右側	左側

☞「안」は空間的に内部を、「속」は物体・液体の内部を示します。

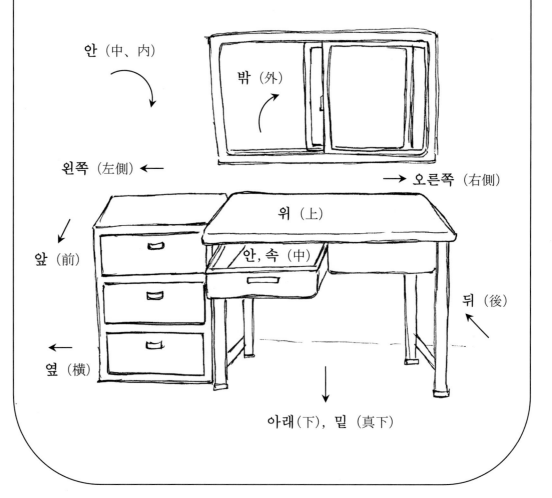

안 (中、内)

밖 (外)

왼쪽 (左側) ←

→ 오른쪽 (右側)

위 (上)

앞 (前)

안, 속 (中)

뒤 (後)

옆 (横)

아래(下), 밑 (真下)

연습문제 (練習問題)

CD61

1. 次の言葉を声に出して読んでみましょう。

① 모르다(分からない)　　모르겠어요　　모르겠습니다
　　가다(行く)　　　　　가겠어요　　　가겠습니다
　　하다(する)　　　　　하겠어요　　　하겠습니다
　　쓰다(書く)　　　　　쓰겠어요　　　쓰겠습니다

② 먹다(食べる)　　　　　먹겠어요　　　먹겠습니다
　　듣다(聞く)　　　　　듣겠어요　　　듣겠습니다
　　좋다(良い)　　　　　좋겠어요　　　좋겠습니다
　　알다(分かる)　　　　알겠어요　　　알겠습니다

③ 책상 아래(밑)에 가방이 있어요.
　　오른쪽
　　왼쪽
　　위
　　앞
　　뒤
　　옆
　　안

2. Point 1 を参考にして例のようにしなさい。

> 例) 학교에 가다 → 학교에 가겠어요. / 학교에 가겠습니다.
> 　　（学校に行く）　　　　（学校に行きます）　　　（学校に行きます）

① 열심히 하다　　　→ ＿＿＿＿＿＿＿＿＿＿＿ / ＿＿＿＿＿＿＿＿＿＿＿

② 빨리 끝내다　　　→ ＿＿＿＿＿＿＿＿＿＿＿ / ＿＿＿＿＿＿＿＿＿＿＿

③ 담배를 끊다　　　→ ＿＿＿＿＿＿＿＿＿＿＿ / ＿＿＿＿＿＿＿＿＿＿＿

④ 집에 있다　　　　→ ＿＿＿＿＿＿＿＿＿＿＿ / ＿＿＿＿＿＿＿＿＿＿＿

3. 次の絵をみて質問に答えなさい。

① 가 : 우체국 옆에 뭐가 있어요?

　　나 : ＿＿＿＿＿＿＿＿＿＿＿＿＿＿＿＿

② 가 : 약국 위에 뭐가 있어요?

　　나 : ＿＿＿＿＿＿＿＿＿＿＿＿＿＿＿＿

③ 가 : 우체국 옆에 서점이 있어요?

　　나 : 아뇨, ＿＿＿＿＿＿＿＿＿＿＿＿＿＿＿

　　　　　＿＿＿＿＿＿＿＿＿＿＿＿＿＿＿

④ 가 : 은행은 어디에 있어요?

　　나 : ＿＿＿＿＿＿＿＿＿＿＿＿＿＿＿

⑤ 가 : 사무실은 1 층에 있어요?

　　나 : 아뇨, ＿＿＿＿＿＿＿＿＿＿＿＿＿＿＿

　　　　　＿＿＿＿＿＿＿＿＿＿＿＿＿＿＿

⑥ 가 : 2 층에 뭐가 있어요?

　　나 : ＿＿＿＿＿＿＿＿＿＿＿＿＿＿＿

4．次の文を韓国語に直しなさい。

① ちょっとお尋ねいたします。　　＿＿＿＿＿＿＿＿＿＿＿＿＿＿

② よく分かりません。　　　　　　＿＿＿＿＿＿＿＿＿＿＿＿＿＿

③ 観光案内所はどこにありますか？　＿＿＿＿＿＿＿＿＿＿＿＿＿＿

④ 学校の前に郵便局はありますか？　＿＿＿＿＿＿＿＿＿＿＿＿＿＿

⑤ 我家は郵便局の隣です。　　　　＿＿＿＿＿＿＿＿＿＿＿＿＿＿

⑥ 友達とコーヒーショップで 9 時に会います。＿＿＿＿＿＿＿＿＿＿

새단어 （新しい単語）
CD62

다시	また、再び
전화하다[저놔----]	電話する
냉면	冷麺(冷麺)
모르다	分からない
위	上
밑	真下、下
뒤	後
안	中
오른쪽	右側
왼쪽	左側
열심히[열씨미]	一生懸命(熱心--)
빨리	早く
끝내다[끈내다]	終わらせる
끊다[끈타]	絶つ、止める
서점＝책방[책빵]	書店
약국[약꾹]	薬局(藥局)
뭐＝뭘＝무엇을	何を

韓国の街を歩きながら・・・

　　　地理的に近く、顔つきも同じ。そういう国に足を踏み入れると、様々なことが似ていると思いがちだが、一目瞭然異なるものがいくつかあり、「異文化の地だ」と改めて気がつくことがしばしばある。

　まず、車線だ。これが日本と全く逆である。日本では左側通行であるが韓国は右。日本でどんなに運転が上手な人でも、韓国での運転は慣れるまで非常に混乱することが想像できる。運転に限らず、横断の際も車が来ていないことを確認したつもりが反対側から来ていてヒヤリとすることがある。

　食事の席でも「異文化」を感じることは多い。韓国はいわゆる「匙（さじ）文化」で、食事の際は匙が主役で箸は脇役である。ご飯も匙で口まで運ぶため、食器を持つ必要もなく、左手を食器に添えるのみである。汁物も匙。匙ひとつで器用に食べるのだ。また、食事中、女性が右ひざを立て、そのひざに右腕を添えて食事する風景をよく見る。これも習慣の違いを把握していない場合は戸惑いかねない。

　交通機関に目を移しても、金額設定の仕方に日韓の差を見つけることができる。韓国ではバスも地下鉄もほとんど金額は上がらず、低料金で遠距離まで乗車可能だ。

　外を歩いていて「ベランダ」がないことにも気がつくだろう。韓国のベランダは室内と一体化しており、ベランダ自体がガラスで覆われている。日本のように外に出ているベランダは一般的にはない。

　また、日本でアパートと言えば昔の狭い集合住宅をイメージするが、韓国ではいわゆるマンションのことで、広くて綺麗な集合住宅なのだ。

　このように韓国に行って日本と違う文化を見つけながら歩くと理解が進み、なんといってもおもしろい。

107

제 11 과   얼마나 걸려요?

☞ **Point** ：〜부터〜까지 ／ 〜에서〜까지（〜から〜まで）
　　　　　　　〜를/을 타다（〜に乗る）

CD63

노무라 : 토요일 날 뭐 해요?

영　진 : 친구랑 여의도에 가요.

노무라 : 집에서 여의도까지 얼마나 걸려요?

영　진 : ^한1시간쯤 걸려요.

노무라 : 뭐 타고 가요?

영　진 : ^{칠십칠}77번 버스를 타고 가요.

野　村 : 土曜日は何をしますか？
英　珍 : 友達と汝矣島（ヨイド）に行きます。
野　村 : 家から汝矣島（ヨイド）までどのくらい
　　　　　かかりますか？
英　珍 : 1時間くらいかかります。
野　村 : 何に乗って行きますか？
英　珍 : 77番のバスに乗って行きます。

본문어휘（本文の語彙）

토요일	土曜日
여의도[여이도]	ヨイド（汝矣島：地名）
〜에서	〜から
〜까지	〜まで
얼마나	どのくらい
걸리다	かかる
〜쯤	〜くらい、〜ほど
타고 가다	乗って行く
〜번	〜番

CD64

＊ **曜日**

月	火	水	木	金	土	日
월요일	화요일	수요일	목요일	금요일	토요일	일요일

■　**ソウルってどんなとこ？**

　韓国の人口の 1/4 に当たる約 1,028 万人の人々が住む韓国の首都です。ソウルは 1394 年から韓国の首都となり、政治・経済・社会・文化・交通の中心地として、1986 年アジア競技大会や 1988 年オリンピック、2002 年にはワールドカップなどの国際行事を開催することで、国際的な都市として成長してきました。都心には超近代的な高層ビル、漢江沿いには高級マンション群が並んでいます。それでもビルの谷間には、歴史的な建築物である景福宮(キョンボックン)・徳寿宮(トクスグン)・昌徳宮(チャンドックン)・南大門(ナムデムン)・東大門(ドンデムン)などがしっかりと保存されていて、独特の雰囲気を演出しています。

Point 1

● ～부터 ～까지(～から～まで) 時間
　～에서 ～까지(～から～まで) 場所

例

9 시부터 5 시까지 일해요.　　　　9時から5時まで働いています。

아침부터 저녁까지 공부해요.　　朝から夕方まで勉強します。

회사에서 역까지 걸어가요.　　　会社から駅まで歩いて行きます。

집에서 학교까지 얼마나 걸려요?　家から学校までどのくらいかかりますか?

Point 2

● ～를/을 타다(～に乗る)

☞ 似たような表現に「～(으)로 가다/오다/다니다(～で行く/来る/
　通う)」があります。

☞ また「～(으)로 갈아타다(～に乗り換える)」もよく使われます。

例

버스를 타요?　　バスに乗りますか?　　버스를 타요.　　バスに乗ります。

택시를 타요?　　タクシーに乗りますか?　　택시를 타요.　　タクシーに乗ります。

지하철을 타요? 地下鉄に乗りますか?　　지하철을 타요. 地下鉄に乗ります。

연습문제 (練習問題)

CD65

1. 次の文を声に出して読んでみましょう。

① 월요일부터 금요일까지 일해요.

아침	점심	청소
7시	8시	운동

② 서울에서 부산까지 얼마나 걸려요?

호텔	공항
집	학원

③ 지하철를/을 타요.

비행기
택시
배

④ 지하철로 회사에 가요.(와요 / 다녀요)

택시	병원
버스	시장
걸어서	편의점에 가요.

⑤ 여기서 지하철 2호선(으)로 갈아타요.

77번 버스
택시

2. ⎡Point 1⎤を参考にして例のようにしなさい。

例) 2시~4시 / 숙제 / 하다　　→　　두 시**부터** 네 시**까지** 숙제를 해요.
　　（2時～4時）（宿題）（する）　　（2時から4時まで宿題をします）

　　집~회사 / 1시간 / 걸리다　→　집**에서** 회사**까지** 한 시간 걸려요.
　　（家～会社）（1時間）（かかる）　（家から会社まで1時間かかります）

① 12시~1시 / 점심 / 먹다　　→ ＿＿＿＿＿＿＿＿＿＿＿＿＿

② 집~학교 / 30분 / 걸리다　　→ ＿＿＿＿＿＿＿＿＿＿＿＿＿

③ 오늘~모레 / 집 / 쉬다　　→ ＿＿＿＿＿＿＿＿＿＿＿＿＿

④ 호텔~공항 / 2시간 / 걸리다 → ＿＿＿＿＿＿＿＿＿＿＿＿＿

3. ⎡Point 2⎤を参考にして例のようにしなさい。

例) 버스(バス)
　　버스를 타요.　　버스로 가요.　　버스로 갈아타요.
　　（バスに乗ります）（バスで行きます）（バスに乗り換えます）

① 지하철

＿＿＿＿＿＿　＿＿＿＿＿＿　＿＿＿＿＿＿

② 택시

＿＿＿＿＿＿　＿＿＿＿＿＿　＿＿＿＿＿＿

③ 배

＿＿＿＿＿＿　＿＿＿＿＿＿　＿＿＿＿＿＿

４．次の絵を見て質問に答えなさい。

자전거
15 분

학교

집

버스

백화점

① 가 : 집에서 학교까지 얼마나 걸려요?

　　나 : ＿＿＿＿＿＿＿＿＿＿＿＿＿＿＿＿

② 가 : 집에서 백화점까지 어떻게 가요?

　　나 : ＿＿＿＿＿＿＿＿＿＿＿＿＿＿＿＿

서울(ソウル)

기차 (汽車)

부산(釜山)

제주도(済州島)　　배 (船)

③ 가 : 서울에서 제주도까지 어떻게 가요?

　　나 : 서울에서 부산까지 ＿＿＿＿＿＿＿

　　　　거기서 ＿＿＿＿＿＿＿＿＿＿＿＿＿

５．次の文を韓国語に直しなさい。

① 土曜日は何をしますか？　　　　＿＿＿＿＿＿＿＿＿＿＿＿＿＿＿＿

② 月曜日から金曜日まで勉強します。＿＿＿＿＿＿＿＿＿＿＿＿＿＿＿＿

③ 明日また電話します。　　　　　＿＿＿＿＿＿＿＿＿＿＿＿＿＿＿＿

④ 学校に行かないですか？　　　　＿＿＿＿＿＿＿＿＿＿＿＿＿＿＿＿

⑤ 今何時ですか？　　　　　　　　＿＿＿＿＿＿＿＿＿＿＿＿＿＿＿＿

새단어 （新しい単語）
CD66

아침	朝
저녁	夕方
회사	会社(會社)
걸어가다[거러가다]	歩いて行く
역	駅(驛)
월요일[워료일]	月曜日
금요일[그묘일]	金曜日
학원[하권]	塾(學院)
공항[공앙]	空港
비행기	飛行機
배	船
걸어서[거러서]	歩いて
～호선	～号線(號線)
～(으)로 갈아타다[----가라타다]	～に乗り換える
여기서	ここで
모레	明後日
쉬다	休む
제주도	チェジュド(済州島：地名)
거기서	そこで

乗り物

CD67

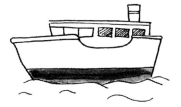

배 （船）

비행기 （飛行機）

자전거 （自転車）

오토바이 （オートバイ）

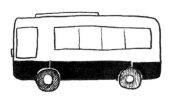

버스 （バス）

지하철 （地下鉄）

자동차 （自動車）

택시 （タクシー）

115

제 12과   시간이 있으면 오세요.

☞ **Point** : 語幹＋〜(으)면 （〜たら、〜れば）仮定
　　　　　　 語幹＋〜(으)세요 （〜しなさい）丁寧な命令

영　진 : 내일 오후에 시간 있어요?

노무라 : 네, 왜요?

영　진 : 집들이를 해요.

　　　　시간 있으면 오세요.

노무라 : 몇 시까지 가면 돼요?

영　진 : 6시까지 오세요.
　　　　^{여섯}

　　　　늦으면 안 돼요.

英　珍 : 明日の午後、時間ありますか?
野　村 : はい、どうしてですか?
英　珍 : 引越し祝いパーティーをします。
　　　　時間があったら来てください。
野　村 : 何時まで行けばいいですか?
英　珍 : 6時まで来てください。
　　　　遅れたら駄目ですよ。

본문어휘 (本文の語彙)

집들이[집뜨리]　　　　　　　　引越し祝い
～(으)면　　　　　　　　　　～なら、～れば、～と
～(으)세요　　　　　　　　　～して下さい
늦다[늗따]　　　　　　　　　遅い

··

* 時間の概念を表す名詞

CD69

		日		週		月		年	
아침	朝	어제	昨日	지난주	先週	지난달	先月	작년	去年
점심	昼	오늘	今日	이번 주	今週	이번 달	今月	올해	今年
저녁	夕方	내일	明日	다음 주	来週	다음 달	来月	내년	来年

☞ 時間の概念をもつ体言の後ろには「～에(～に)」をつけるのが普通ですが、
　①어제(昨日)　②오늘(今日)　③내일(明日)　④올해(今年)　⑤지금(今)に
　限っては「～에(～に)」をつけないので注意しましょう。

　例)　아침에 운동을 해요.　　　　朝運動をします。
　　　저녁에 약속이 있어요?　　　夕方約束がありますか?
　　　다음 주에 여행을 가요?　　　来週旅行に行きますか?
　　　내일 학교에 안 가요.　　　　明日学校に行きません。

Point 1

● 語幹＋～(으)면 (～たら、～れば、～と) 仮定

語幹の最後にパッチム（無）→　語幹＋～면
語幹の最後にパッチム（有）→　語幹＋～으면
ㄹ語幹　　　　　　　　　　→　語幹＋～면

例

몇 시까지 가면 돼요?	何時まで行けばいいですか？
양이 많으면 남기세요.	量が多かったら残してください。
여기서 놀면 안 돼요.	ここで遊んだら駄目です。

Point 2

● 語幹＋～(으)세요 (～してください) 丁寧な命令

語幹の最後にパッチム（無）→　語幹＋～세요
語幹の最後にパッチム（有）→　語幹＋～(으)세요
ㄹ語幹　　　　　　　　　　→　語幹（ㄹ脱落）＋～세요

☞ 丁寧な命令(指示)をする時に使います。「～てください、お～くださ
い、～なさい、～したらいいですよ、～してくださいね」というニュ
アンスになります。

例

빨리 오세요.	早く来なさい。
여기에 앉으세요.	ここにお座りください。
많이 드세요.	たくさん召し上がってください。

연습문제 (練習問題)

CD70

1. 次の言葉を声に出して読んでみましょう。

① 부르다 (歌う)　　　부르면　　　부르세요
　 가다 (行く)　　　　가면　　　　가세요
　 하다 (する)　　　　하면　　　　하세요
　 쉬다 (休む)　　　　쉬면　　　　쉬세요

② 참다 (我慢する)　　참으면　　　참으세요
　 읽다 (読む)　　　　읽으면　　　읽으세요
　 웃다 (笑う)　　　　웃으면　　　웃으세요
　 찍다 (撮る)　　　　찍으면　　　찍으세요

③ 만들다 (作る)　　　만들면　　　만드세요
　 놀다 (遊ぶ)　　　　놀면　　　　노세요

④ 일이　힘들면　언제든지　말하세요
　 양이　많으면　음식을　　남기세요
　 집에　오면　　손을　　　씻으세요
　 비가　오면　　집에서　　쉬세요

119

2. Point 1 を参考にして例のように「～(으)면 돼요(～すれば良いです)」にしなさい。

例)   ①   ②   ③   ④

例) 버스를 타다(バスに乗る)   →   버스를 타면 돼요. (バスに乗れば良いです)

1) 책을 빌리다   →   _____

2) 돈을 찾다   →   _____

3) 약을 먹다   →   _____

4) 창문을 열다   →   _____

3. Point2 を参考にして例のように「～(으)세요 (～してください)」にしなさい。

例)   ①   ②   ③   ④

例) 신문을 읽다(新聞を読む)   →   신문을 읽으세요. (新聞を読んで下さい)

1) 여기서 기다리다   →   _____

2) 열심히 공부하다   →   _____

3) 코트를 벗다   →   _____

4) 많이 팔다   →   _____

４．以下の言葉を使って例にならって文を作りなさい。

> 例) 비가 오다(雨が降る)　/　집에서 쉬다(家で休む)
> 　　→ 비가 오면 집에서 쉬세요.(雨が降ったら家で休んで下さい)

① 감기에 걸리다 / 병원에 가다

　→ _____

② 돈이 있다 / 빌려주다

　→ _____

③ 다리가 아프다 / 여기에 앉다

　→ _____

④ 마음에 들다 / 사다

　→ _____

５．次の文を韓国語に直しなさい。

① 時間があれば来てください。　_____

② 何時まで行けば良いですか？　_____

③ 77番バスで行きなさい。　_____

④ 水曜日までこの本を読みなさい。_____

⑤ 明日から一生懸命勉強します。　_____

새 단어 （新しい単語）

다음 주[다음쭈]	来週
많이[마니]	たくさん
드세요	召し上がってください
부르다	歌う
참다[참따]	我慢する、耐える
웃다[욷따]	笑う
손	手
씻다[씯따]	洗う
일	仕事
힘들다	大変だ
언제든지	いつでも
양	量
음식	食べ物（飲食）
남기다	残す
빌리다	借りる
찾다[찯따]	おろす、探す
약	薬（藥）
창문	窓（窓門）
열다	開ける
기다리다	待つ
코트	コート
벗다[벋따]	脱ぐ
감기에 걸리다	風邪を引く
빌려주다	貸す
다리	足
아프다	痛い
마음에 들다[마으메----]	気に入る

身体

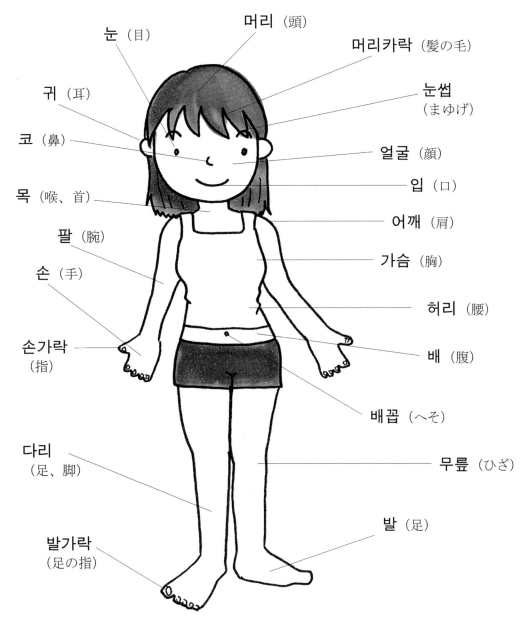

눈（目）

머리（頭）

머리카락（髪の毛）

눈썹（まゆげ）

귀（耳）

코（鼻）

얼굴（顔）

입（口）

목（喉、首）

어깨（肩）

팔（腕）

가슴（胸）

손（手）

허리（腰）

손가락（指）

배（腹）

배꼽（へそ）

다리（足、脚）

무릎（ひざ）

발（足）

발가락（足の指）

제 13과　같이 갑시다.

☞ **Point** ： 語幹＋～(으)러 （～しに）目的
　　　　　　　 語幹＋～(으)ㅂ시다 （～しましょう）勧誘

CD72

노무라 : 영진 씨, 어디 가요?

영　진 : 명동에 가요.

노무라 : 뭐 하러 가요?

영　진 : 친구 만나러 가요.

노무라 : 그래요?

　　　　 저도 쇼핑하러 명동에 가요.

영　진 : 그럼, 같이 갑시다.

노무라 유키　　　　이영진

野　村 ：　英珍さん、どこに行きますか？
英　珍 ：　ミョンドン(明洞)に行きます。
野　村 ：　何をしに行きますか？
英　珍 ：　友達に会いに行きます。
野　村 ：　そうですか？
　　　　　私もショッピングしにミョンドンに行きます。
英　珍 ：　それなら、一緒に行きましょう。

본문어휘 (本文の語彙)

명동	ミョンドン（明洞）
～(으)러	～しに
쇼핑하다	ショッピングする
같이[가치]	一緒に
～(으)ㅂ시다	～しましょう

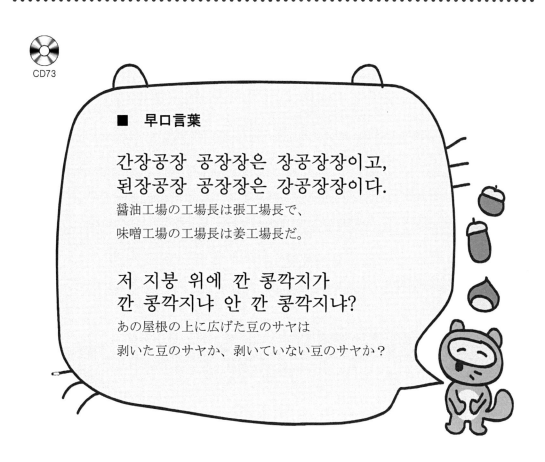

CD73

■　早口言葉

간장공장 공장장은 장공장장이고,
된장공장 공장장은 강공장장이다.
醤油工場の工場長は張工場長で、
味噌工場の工場長は姜工場長だ。

저 지붕 위에 깐 콩깍지가
깐 콩깍지냐 안 깐 콩깍지냐?
あの屋根の上に広げた豆のサヤは
剥いた豆のサヤか、剥いていない豆のサヤか？

Point 1

● **語幹＋〜(으)러** （〜しに）**目的**

語幹の最後にパッチム（無）→　語幹＋〜러
語幹の最後にパッチム（有）→　語幹＋〜으러
ㄹ語幹　　　　　　　　　　　→　語幹＋〜러

☞ 〜(으)러の後ろには、普通「가다/오다/다니다(行く/来る/通う)」の
　 移動を表す動詞が続きます。

| 例 文 |

선물을 사러 백화점에 가요.　　　プレゼントを買いにデパートに行きます。
책을 찾으러 도서관에 가요.　　　本を探しに図書館に行きます。
한국에 놀러 가요.　　　　　　　韓国に遊びに行きます。

Point 2

● **語幹＋〜(으)ㅂ시다** （〜しましょう）**勧誘**

語幹の最後にパッチム（無）→　　語幹＋〜ㅂ시다
語幹の最後にパッチム（有）→　　語幹＋〜읍시다
ㄹ語幹　　　　　　　　　　→　　語幹(ㄹ脱落)＋〜ㅂ시다

☞ 聞き手に「一緒に〜しましょう」と誘う時に使います。
　 「〜(으)ㄹ까요?」より積極的な表現で女性より男性がよく使います。
　 p142のPoint2参照。

| 例 文 |

천천히 갑시다.　　　　　　ゆっくり行きましょう。
저기에 앉읍시다.　　　　　あそこに座りましょう。
케이크를 만듭시다.　　　　ケーキを作りましょう。

연습문제 (練習問題)

CD74

1. 次の言葉を声に出して読んでみましょう。

① 편지(를) 부치러　우체국에 가요.
　　친구(를) 만나　　명동
　　영화(를) 보　　　극장
　　공부(를) 하　　　도서관

② 사진(을) 찍으러　경복궁에 가요.
　　고기(를) 잡　　바다
　　밥(을) 먹　　　식당
　　돈(을) 찾　　　은행

③ 참다 (我慢する)　　　참읍시다
　　하다 (する)　　　　합시다
　　타다 (乗る)　　　　탑시다
　　지키다 (守る)　　　지킵시다
　　먹다 (食べる)　　　먹읍시다
　　끊다 (止める)　　　끊읍시다
　　만들다 (作る)　　　만듭시다
　　놀다 (遊ぶ)　　　　놉시다

2. 次の単語を使って例にならって「〜(으)러 갑시다(〜しに行きましょう)」
の形にしなさい。

> 例) 영화 / 보다　 → 　영화를 보러 갑시다.
> 　　　(映画)　(見る)　　　(映画を見に行きましょう)

① 선배 / 만나다　 → _____

② 옷 / 사다　 → _____

③ 은행 / 환전하다　 → _____

④ 돈 / 찾다　 → _____

⑤ 공원 / 놀다　 → _____

3. 次の文を例にならって「〜(으)면 〜(으)ㅂ시다(〜れば〜しましょう)」に
しなさい。

> 例) 시간이 있다 / 영화(를) 보다
> 　　　(時間がある)　(映画を見る)
>
> 가 : 내일 시간 있어요?
> 　　(明日時間ありますか?)
> 나 : 왜요?
> 　　(どうしてですか?)
> 가 : 시간이 있으면 영화 봅시다.
> 　　(時間があれば映画を見ましょう)

① 약속이 없다 / 한잔하다

가 : 오늘 약속 있어요?
나 : 왜요?
가 : _____

② 날씨가 좋다 / 등산가다

　　가 : 주말에 뭐 해요?
　　나 : 왜요?
　　가 : ＿＿＿＿＿＿＿＿＿＿＿＿＿＿＿＿

③ 일이 끝나다 / 만나다

　　가 : 몇 시까지 일해요?
　　나 : 왜요?
　　가 : ＿＿＿＿＿＿＿＿＿＿＿＿＿＿＿＿

④ 괜찮다 / 저녁 먹다

　　가 : 오늘 시간 있어요?
　　나 : 왜요?
　　가 : ＿＿＿＿＿＿＿＿＿＿＿＿＿＿＿＿

4．次の文を韓国語に直しなさい。

① どこに行きますか？　　　　＿＿＿＿＿＿＿＿＿＿＿＿＿＿＿＿

② デパートへ買い物に行きます。＿＿＿＿＿＿＿＿＿＿＿＿＿＿＿＿

③ 一緒に行きましょう。　　　＿＿＿＿＿＿＿＿＿＿＿＿＿＿＿＿

④ 明日1時までに来なさい。　 ＿＿＿＿＿＿＿＿＿＿＿＿＿＿＿＿

⑤ 韓国へ遊びに行きましょう。＿＿＿＿＿＿＿＿＿＿＿＿＿＿＿＿

새단어 （新しい単語）
CD75

천천히[천처니]	ゆっくり
케이크	ケーキ
부치다	(郵便物などを)出す
밥	ご飯
경복궁[경복꿍]	景福宮
고기를 잡다[잡따]	魚を釣る
지키다	守る
선배	先輩
환전하다[환저나다]	両替する(換錢----)
한잔하다[한자나다]	一杯飲む
등산가다	登山に行く
주말	週末
끝나다[끈나다]	終わる
괜찮다[괜찬타]	大丈夫だ

CD76

味をあらわす表現

맛있다 (美味しい)

맛없다 (まずい)

달다 (甘い)

맵다 (辛い)

짜다 (しょっぱい)

싱겁다 (味が薄い)

시다 (すっぱい)

쓰다 (苦い)

제 14 과　영화를 봤어요.

☞ **Point** : 語幹＋〜았/었（〜でした）用言の過去形

CD77

영　진 : 노무라 씨는 어제 뭐 했어요?

노무라 : 오래간만에 영화 보러 갔어요.

영　진 : 누구하고 갔어요?

노무라 : 친구랑 같이 갔어요.

영　진 : 재미있었어요?

노무라 : 재미는 있었지만, 사람이 너무
　　　　 많았어요.

英　珍 : 野村さんは昨日何をしましたか?

野　村 : 久しぶりに映画を見に行きました。

英　珍 : 誰と行きましたか?

野　村 : 友達と一緒に行きました。

英　珍 : 面白かったですか?

野　村 : 面白かったですけど、
　　　　 人があまりにも多かったです。

본문어휘（本文の語彙）

오래간만에［오래간마네］	久しぶりに
～지만	～けれども、～が
너무	あまりにも

CD78

＊ 副詞

조금	少し	많이	たくさん
거의	ほとんど	전혀	全然
가끔	たまに	자주	よく、しょっちゅう
별로	あまり	아주	とても
때때로	時々	언제나,항상,늘	いつも
이미	すでに	지금	今
모두,다	全部、みんな	같이,함께	一緒に
잘	よく、上手に	또,다시	また

133

Point 1

● 語幹＋～았/었 （～でした）

☞ 用言の語幹について過去を表す接辞

語幹末尾が 「ㅏ，ㅗ」（陽母音）の場合　　　　→ 語幹＋～았
語幹末尾が 「ㅏ，ㅗ以外」（陰母音）の場合 → 語幹＋～었
「하다」用言は例外に　　　　　　　　　　　 → 했

基本形	語幹			過去形	過去疑問形
살다 住む	살	+았	습니다	살았습니다	살았습니까?
			어요	살았어요	살았어요?
좁다 狭い	좁		습니다	좁았습니다	좁았습니까?
			어요	좁았어요	좁았어요?
먹다 食べる	먹	+었	습니다	먹었습니다	먹었습니까?
			어요	먹었어요	먹었어요?
입다 着る	입		습니다	입었습니다	입었습니까?
			어요	입었어요	입었어요?
하다 する	하	+였	습니다	했습니다	했습니까?
			어요	했어요	했어요?

過 去 縮 約 形

※ 語幹の後で「아/어」が脱落するもの

	語幹末＋語尾	縮約形	例
①	ㅏ ＋ 았어요	ㅆ어요	가다(行く)　→ 갔어요(行きました)
②	ㅓ ＋ 었어요	ㅆ어요	서다(立つ)　→ 섰어요(立ちました)
③	ㅐ ＋ 었어요	ㅆ어요	내다(出す)　→ 냈어요(出しました)
④	ㅔ ＋ 었어요	ㅆ어요	세다(強い)　→ 셌어요(強かったです)
⑤	ㅕ ＋ 었어요	ㅆ어요	켜다(点ける)→ 켰어요(点けました)

※ 語幹末の母音と「아/어」が融合するもの

	語幹末＋語尾	縮約形	例
⑥	ㅗ ＋ 았어요	놨어요	오다(来る)　→ 왔어요(来ました)
⑦	ㅜ ＋ 었어요	눴어요	배우다(習う)→ 배웠어요(習いました)
⑧	ㅚ ＋ 었어요	놨어요	되다(なる)　→ 됐어요(なりました)
⑨	ㅣ ＋ 었어요	눴어요	마시다(飲む)→ 마셨어요(飲みました)

CD79
연습문제 (練習問題)

1. 次の言葉を声に出して読んでみましょう。

① | 알다(分かる/知る) | 알았어요 | 알았습니다 |
|---|---|---|
| 작다(小さい) | 작았어요 | 작았습니다 |
| 오다(来る) | 왔어요 | 왔습니다 |
| 보다(見る) | 봤어요 | 봤습니다 |
| 좋다(良い) | 좋았어요 | 좋았습니다 |

② | 보내다(送る) | 보냈어요 | 보냈습니다 |
|---|---|---|
| 다니다(通う) | 다녔어요 | 다녔습니다 |
| 있다(有る) | 있었어요 | 있었습니다 |
| 없다(無い) | 없었어요 | 없었습니다 |
| 죽다(死ぬ) | 죽었어요 | 죽었습니다 |

③ | 운동하다(運動する) | 운동했어요 | 운동했습니다 |
|---|---|---|
| 시작하다(始める) | 시작했어요 | 시작했습니다 |
| 끝나다 (終わる) | 끝났어요 | 끝났습니다 |
| 피곤하다(疲れる) | 피곤했어요 | 피곤했습니다 |
| 예약하다(予約する) | 예약했어요 | 예약했습니다 |

２．　次の単語を使って例のようにしなさい。

例）가다(行く)　　→　　A）<u>가요. / 갔어요.</u> (行きます / 行きました)

　　　　　　　　　　　B）<u>갑니다. / 갔습니다.</u> (行きます / 行きました)

---

① 자다　　　→ A）＿＿＿＿＿＿　② 일어나다 → A）＿＿＿＿＿＿

　　　　　　　　B）＿＿＿＿＿＿　　　　　　　　B）＿＿＿＿＿＿

③ 주다　　　→ A）＿＿＿＿＿＿　④ 받다　　　→ A）＿＿＿＿＿＿

　　　　　　　　B）＿＿＿＿＿＿　　　　　　　　B）＿＿＿＿＿＿

⑤ 힘들다　→ A）＿＿＿＿＿＿　⑥ 괜찮다　→ A）＿＿＿＿＿＿

　　　　　　　　B）＿＿＿＿＿＿　　　　　　　　B）＿＿＿＿＿＿

⑦ 연락하다 → A）＿＿＿＿＿＿　⑧ 전화 걸다→ A）＿＿＿＿＿＿

　　　　　　　　B）＿＿＿＿＿＿　　　　　　　　B）＿＿＿＿＿＿

３．次の絵を見て例にならって文を作りなさい。

例）표를 사다(切符を買う)　→　<u>표를 샀습니까?</u>
　　　　　　　　　　　　　　　　　(切符を買いましたか？)

　　　　　　　　　　　　　　네, <u>표를 샀어요.</u>
　　　　　　　　　　　　　　(はい、切符を買いました)

　　　　　　　　　　　　　　아뇨, <u>표를 안 샀어요.</u>
　　　　　　　　　　　　　　(いいえ、切符を買いませんでした)

---

① 고향에 가다　　　　　　　→　＿＿＿＿＿＿＿＿＿＿＿＿＿？

　　　　　　　　　　　　　네, ＿＿＿＿＿＿＿＿＿＿＿＿

　　　　　　　　　　　　　아뇨, ＿＿＿＿＿＿＿＿＿＿＿

② 돈을 갚다 → ＿＿＿＿＿＿＿＿＿＿＿＿＿?

네, ＿＿＿＿＿＿＿＿＿＿＿＿＿

아뇨, ＿＿＿＿＿＿＿＿＿＿＿＿

③ 손을 씻다 → ＿＿＿＿＿＿＿＿＿＿＿＿＿?

네, ＿＿＿＿＿＿＿＿＿＿＿＿＿

아뇨, ＿＿＿＿＿＿＿＿＿＿＿＿

④ 이를 닦다 → ＿＿＿＿＿＿＿＿＿＿＿＿＿?

네, ＿＿＿＿＿＿＿＿＿＿＿＿＿

아뇨, ＿＿＿＿＿＿＿＿＿＿＿＿

4. 次の文を韓国語に直しなさい。

① 昨日は何をしましたか？＿＿＿＿＿＿＿＿＿＿＿＿＿＿＿＿＿

② 久しぶりに野球を見に行きました。＿＿＿＿＿＿＿＿＿＿＿＿＿

③ 5時から7時まで運動をしました。＿＿＿＿＿＿＿＿＿＿＿＿＿

④ 週末にはよく買い物に行きます。 ＿＿＿＿＿＿＿＿＿＿＿＿＿

⑤ 天気が良ければ一緒に自転車に乗りましょう。＿＿＿＿＿＿＿＿

🎵 새 단어（新しい単語）

CD80

작다[작따]	小さい
죽다[죽따]	死ぬ
피곤하다[피고나다]	疲れる(疲困----)
예약하다[예야카다]	予約する
일어나다[이러나다]	起きる
받다[받따]	受け取る、もらう
연락하다[열라카다]	連絡する
전화 걸다[저놔----]	電話する、電話をかける
표	チケット(票)
고향	故郷
갚다[갑따]	(お金、恩などを)返す
이	歯
닦다[닥따]	磨く

제 15과   뭐 먹고 싶어요?

☞ **Point** ： 語幹＋〜고 싶다 （〜したい） 希望・願望
語幹＋〜（으）ㄹ까요? （〜しましょうか？） 勧誘

CD81

영　진 : 노무라 씨, 저녁 뭐 먹고 **싶어요?**

노무라 : 저는 아무거나 괜찮아요.

영　진 : 그럼 닭갈비 먹으러 **갈까요?**

노무라 : 네, 좋아요.

　　　　 저도 먹고 **싶었어요.**

　　　　 그리고 오늘은 술도 한잔하고 **싶어요.**

英　珍 ： 野村さん、夕食は何が食べたいですか？
野　村 ： 私は何でも構いません。
英　珍 ： それならば、タッカルビを食べに
　　　　 行きましょうか？
野　村 ： はい、いいですね。
　　　　 私も食べたかったです。
　　　　 そして、今日はお酒も一杯飲みたいです。

본문어휘（本文の語彙）

～고 싶다[----십따]	～したい
～기 싫다[----실타]	～したくない
아무거나	何でも
닭갈비[닥깔비]	タッカルビ
～(으)ㄹ까요?	～しましょうか

＊ **語幹＋～기 싫다**： 希望・願望の「～고 싶다（～したい）」の反対の意を表すとき、「～기 싫다（～したくない）」を使います。柔らかい表現として「～고 싶지 않다」もあります。

例） ① 나는 산에 가기 **싫어요**. （私は山に行きたくありません）
　　② 지금 밥 먹기 **싫어요**. （今ご飯を食べたくありません）

■ **タッカルビって何?**
　タッカルビとは、「タッ（鶏）のカルビ」のことです。鶏肉をコチュジャン(唐辛子味噌)で甘辛く味つけし、キャベツ、玉ねぎ、ニンニク、さつま芋、韓国のお餅などと鉄板で炒めて食べる料理です。かなり辛いですが、夕食に大勢で囲んでわいわい食べるのが韓国式です。
　ドラマ「冬のソナタ」の舞台にもなった「チュンチョン(春川)」が本場で、安いこともあって若者の間で大人気です。

Point 1

● **動詞語幹＋～고 싶다 （～したい） 希望・願望**

☞ 動詞の語幹について希望を表します。大体叙述文では1人称、疑問
文では 2 人称が主語になります。3 人称の場合は「～고
싶어하다」となります。

例 文

맥주를 마시고 **싶어요.**	ビールが飲みたいです。
화장실에 가고 **싶어요.**	トイレに行きたいです。
청바지를 받고 **싶었어요.**	ジーパンを貰いたかったです。

Point 2

● **語幹＋～(으)ㄹ까요? （～しましょうか?） 勧誘**

☞ 聞き手の意向を尋ねるときによく用いられる表現です。第 13 課
の Point 2 (p126)で習った「**語幹＋～(으)ㅂ시다**」より柔らかい
勧誘表現です。
☞ 主語が 3 人称の場合は「～でしょうか?」という疑問・推定の
表現になります。

語幹の最後にパッチム（無）	→	語幹＋～ㄹ까요?
語幹の最後にパッチム（有）	→	語幹＋～을까요?
ㄹ語幹	→	語幹＋～까요?

例 文

지금 길이 막힐**까요?**	今道が混んでいるでしょうか?
어디서 먹을**까요?**	どこで食べましょうか?
무엇을 만들**까요?**	何を作りましょうか?

연습문제 (練習問題)

CD82
1. 次の言葉を声に出して読んでみましょう。

① 마시다(飲む)　　마시고 싶어요　　마시고 싶습니다
　 배우다(習う)　　배우고 싶어요　　배우고 싶습니다
　 하다(する)　　하고 싶어요　　하고 싶습니다
　 먹다(食べる)　　먹고 싶어요　　먹고 싶습니다
　 듣다(聞く)　　듣고 싶어요　　듣고 싶습니다

② 마시다(飲む)　　마시기 싫어요　　마시기 싫습니다
　 배우다(習う)　　배우기 싫어요　　배우기 싫습니다
　 하다(する)　　하기 싫어요　　하기 싫습니다
　 먹다(食べる)　　먹기 싫어요　　먹기 싫습니다
　 듣다(聞く)　　듣기 싫어요　　듣기 싫습니다

③ 충분하다(十分だ)　　충분할까요?
　 예쁘다(綺麗だ)　　예쁠까요?
　 맛있다(美味しい)　　맛있을까요?
　 만들다(作る)　　만들까요?
　 먹다(食べる)　　먹을까요?
　 가다(行く)　　갈까요?

2. 次の_____に「～고 싶어요(~したいです)」と「～기 싫어요(~したくない
   です)」の形の文を作りなさい。

   ① 외국에 가다　　　→　_____　_____

   ② 자전거를 타다　　→　_____　_____

   ③ 시골에 살다　　　→　_____　_____

   ④ 노래를 부르다　　→　_____　_____

   ⑤ 전화를 걸다　　　→　_____　_____

3. 次の絵を見て例にならって文を作りなさい。

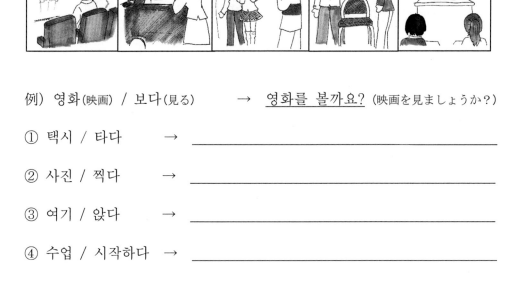

例)　영화(映画) / 보다(見る)　　→　영화를 볼까요? (映画を見ましょうか?)

① 택시 / 타다　　　→　_____

② 사진 / 찍다　　　→　_____

③ 여기 / 앉다　　　→　_____

④ 수업 / 시작하다　→　_____

４．例にならって次の質問に答えなさい。

> 例) 가 : 뭐 먹을까요? (불고기 / 먹다)
> 　　　(何を食べましょうか?) (ブルゴギ / 食べる)
> 　　나 : 불고기를 먹고 싶어요.
> 　　　(ブルゴギが食べたいです)

① 가 : 뭘 살까요? (화장품 / 사다)

　　나 : _____

② 가 : 뭐 주문할까요? (커피 / 마시다)

　　나 : _____

③ 가 : 몇 시에 만날까요? (오후 3 시 / 만나다)

　　나 : _____

④ 가 : 어디에 갈까요? (박물관, 서점 / 가다)

　　나 : _____하고 _____

⑤ 가 : 오늘 뭐 할까요? (인사동, 춘천 / 구경하다)

　　나 : _____하고 _____

５．次の文を韓国語に直しなさい。

① 昼食は何が食べたいですか？ _____

② ブルゴギを食べに行きましょうか？ _____

③ 昨日は一杯飲みたかったです。 _____

④ 雪が降ったらスキーをしに行きたかったです。 _____

새단어 （新しい単語）
CD83

맥주[맥쭈]	ビール(麥酒)
길	道
막히다[마키다]	混んでいる
예쁘다	綺麗だ、可愛い
충분하다[충부나다]	十分だ(充分----)
맛있다[마싣따]	美味しい
시골	田舎
수업	授業
화장품	化粧品
주문하다[주무나다]	注文する
박물관[방물관]	博物館
인사동	インサドン(仁寺洞：地名)
춘천	チュンチョン(春川：地名)
구경하다[구경아다]	見物する

食べもの

CD84

돌솥비빔밥（石焼ビビンバ）

김치찌개（キムチチゲ）

된장찌개（みそチゲ）

자장면（ジャージャー麺）

김밥（のり巻き）

만두（餃子）

닭갈비（タッカルビ）

감자탕（カムジャタン）

삼계탕（サムゲタン）

잡채（チャプチェ）

냉면（冷麺）

팥빙수（かき氷）

付　録

助詞のまとめ

助詞 / 体言	～は 主題	～が 主格	～を 目的格	～と 並列			～へ、～で 方向 手段	～で 場所
パッチム無	는	가	를	하고	와	랑	로	에서
ㄹ音終	은	이	을		과	이랑		
パッチム有							으로	

助詞 / 体言	～から			～まで	～に		～も	～の
	時間	場所（出発点）	人動物	場所・時間（到着点）	物事場所	人動物	添加	属格
パッチムと関係無	부터	에서	에게서 한테서	까지	에	에게 한테	도	의

助詞 / 体言	～より 比較	～のように 比喩	～だけ 限定	～ほど 程度	～ごとに 各自	～ずつ 各自	～ごろ 程度	～しか 否定限定
パッチムと関係無	보다	처럼	만	만큼	마다	씩	쯤	밖에

連　体　形

　用言が体言を修飾する形を**「連体形」**と言います。「〜ㄹ・〜을・〜는・〜ㄴ・〜은・〜던」などの形がきて、助詞でない場合は「連体形」である可能性が大です。また、「連体形」の時制は品詞によって異なるので注意が必要です。

　「連体形」をちゃんと使いこなせるようになるまでには練習が必要ですが、上級へ進むには欠かせない大切な文法ですので頑張って覚えましょう。

	パッチム	未来 (推測)	現在 (持続)	過去 (完了)	過去 (回想)
動詞・存在詞	無	ㄹ	는	ㄴ	던
	有	을		은	
形容詞・指定詞	無	ㄹ	ㄴ	던	
	有	을	은		

例) ① 見る (보다)
- 明日見る(つもりの)映画　　내일 볼 영화
- 毎日見る人　　매일 보는 사람
- 昨日見た女性　　어제 본 여자
- 昔見ていた本　　옛날에 보던 책

② 食べる (먹다)
- 明日食べる(つもりの)パン　　내일 먹을 빵
- 毎日食べるキムチ　　매일 먹는 김치
- 昨日食べたケーキ　　어제 먹은 케이크
- 昔食べていたお菓子　　옛날에 먹던 과자

変則活用一覧表

変則		基本形		(스)ㅂ니다 (~します)	아/어요 (~します)	(으)세요 (~してください)	(으)ㅂ시다 (~しましょう)
1	으変則	바쁘다	忙しい	바쁩니다	바빠요	—	—
2	ㄷ変則	듣다	聞く	듣습니다	들어요	들으세요	들읍시다
	規則	믿다	信じる	믿습니다	믿어요	믿으세요	믿읍시다
3	ㅅ変則	붓다	注ぐ	붓습니다	부어요	부으세요	부읍시다
	規則	웃다	笑う	웃습니다	웃어요	웃으세요	웃읍시다
4	ㅂ変則	춥다	寒い	춥습니다	추워요	—	—
	規則	좁다	狭い	좁습니다	좁아요	—	—
5	ㅎ変則	빨갛다	赤い	빨갑니다	빨개요	—	—
	規則	좋다	良い	좋습니다	좋아요	—	—
6	르変則	모르다	わからない	모릅니다	몰라요	—	—
7	러変則	이르다	至る	이릅니다	이르러요	—	—
8	ㄹ語幹	살다	住む	삽니다	살아요	사세요	삽시다

(으)ㄹ까요? (〜しましょうか) (〜でしょうか)	(으)면 (〜すれば)	(으)러 (〜しに)	았/었어요 (〜しました)	고 (〜して)	겠습니다 (〜するつもりです)
바쁠까요?	바쁘면	—	바빴어요	바쁘고	바쁘겠습니다
들을까요?	들으면	들으러	들었어요	듣고	듣겠습니다
믿을까요?	믿으면	믿으러	믿었어요	믿고	믿겠습니다
부을까요?	부으면	부으러	부었어요	붓고	붓겠습니다
웃을까요?	웃으면	웃으러	웃었어요	웃고	웃겠습니다
추울까요?	추우면	—	추웠어요	춥고	춥겠습니다
좁을까요?	좁으면	—	좁았어요	좁고	좁겠습니다
빨갈까요?	빨가면	—	빨갰어요	빨갛고	빨갛겠습니다
좋을까요?	좋으면	—	좋았어요	좋고	좋겠습니다
모를까요?	모르면	—	몰랐어요	모르고	모르겠습니다
이를까요?	이르면	—	이르렀어요	이르고	이르겠습니다
살까요?	살면	살러	살았어요	살고	살겠습니다

1．으変則 （語幹の最後が「으」で終わる用言。ただし、「르変則・러変則」は除く）

① 語幹の母音が「으」だけの場合は、「으」を取って「〜어요」をつける。

> 쓰다（書く）　　→　써요（書きます）
> 크다（大きい）　→　커요（大きいです）

②「으」母音の前音節が「ㅏ・ㅗ（陽母音）」か「ㅏ・ㅗ以外（陰母音）」かによって「으」を取って「〜아/어요」をつける。

> 나쁘다（悪い）　　→　나빠요（悪いです）
> 아프다（痛い）　　→　아파요（痛いです）
> 슬프다（悲しい）　→　슬퍼요（悲しいです）
> 예쁘다（綺麗だ）　→　예뻐요（綺麗です）

2．ㄷ変則 （語幹の最後が「ㄷ」で終わる動詞の一部）

▼ 母音で始まる語尾がつくと、「ㄷ → ㄹ」に変えて「〜어요」をつける。

> 듣다（聞く）　　→　들어요（聞きます）
> 걷다（歩く）　　→　걸어요（歩きます）
> 묻다（尋ねる）　→　물어요（尋ねます）
> 싣다（載せる）　→　실어요（載せます）

☞ ただし、「받다(受け取る), 닫다(閉める), 믿다(信じる), 얻다(得る), 묻다(埋める)」などは「ㄷ変則」ではないので、注意しましょう。

３．ㅅ変則 <small>(語幹の最後が「ㅅ」で終わる用言の一部)</small>

▼ 母音で始まる語尾がつくと、語幹の最後のパッチム「ㅅ」を脱落させて
「〜아/어요」をつける。

낫다（治る）	→	나아요（治ります）
짓다（作る）	→	지어요（作ります）
긋다（引く）	→	그어요（引きます）
붓다（注ぐ）	→	부어요（注ぎます）

☞ ただし、「웃다(笑う), 씻다(洗う), 벗다(脱ぐ), 빼앗다(奪う) 」などは「ㅅ変
則」ではないので、注意しましょう。

４．ㅂ変則

① 母音で始まる語尾がつくと、語幹の最後のパッチム「ㅂ」を脱落させて
「〜워요」をつける。

춥다（寒い）	→	추워요（寒いです）
덥다（暑い）	→	더워요（暑いです）
가볍다（軽い）	→	가벼워요（軽いです）
무겁다（重い）	→	무거워요（重いです）

② 次の２つは例外に、語幹の最後のパッチム「ㅂ」を脱落させて 「〜와요」
をつける。

곱다（美しい）	→	고와요（美しいです）
돕다（手伝う）	→	도와요（手伝います）

☞ ただし、「입다(着る), 뽑다(選ぶ), 업다(背負う), 잡다(捕まえる), 씹다(噛
む), 좁다 (狭い)」は「ㅂ変則」ではないので、注意しましょう。

5. ㅎ変則 (좋다を除いたㅎで終わる全ての形容詞、一部の動詞)

① 母音で始まる語尾がつくと、語幹の最後のパッチム「ㅎ」を脱落させて「～ㅐ」をつける。

그렇다 (そうだ)	→	그래요 (そうです)
까맣다 (黒い)	→	까매요 (黒いです)
노랗다 (黄色い)	→	노래요 (黄色いです)
어떻다 (どうだ)	→	어때요? (どうですか?)

② 「ㅎ」で終わる形容詞の語幹に「ㄴ, ㄹ, ㅁ, ㅅ, ㅇ」で始まる語尾がつくときは「ㅎ」が脱落する。

그렇다 (そうだ) → 그러면 (それなら) → 그럴까요? (そうでしょうか?)	
까맣다 (黒い) → 까마면 (黒なら) → 까말까요? (黒いでしょうか?)	
노랗다 (黄色い) → 노라면 (黄色なら) → 노랄까요? (黄色いでしょうか?)	
어떻다 (どうだ) → 어떠면 (どうならば) → 어떨까요? (どうでしょうか?)	

☞ ただし、「좋다(良い), 괜찮다(大丈夫だ), 많다(多い), 싫다(嫌だ), 놓다(置く), 넣다(入れる), 낳다(産む), 닿다(届く)」などは「ㅎ変則」ではないので、注意しましょう。

6. 르変則 (語幹が르で終わる用言の大部分)

① 「르」で終わる用言の語幹に「아」で始まる語尾がつくと「르 → ㄹ라」に変わる。

빠르다 (早い)	→	빨라요 (早いです)
오르다 (登る)	→	올라요 (登ります)
고르다 (選ぶ)	→	골라요 (選びます)
모르다 (分からない)	→	몰라요 (分かりません)

② 「르」で終わる用言の語幹に「어」で始まる語尾がつくと「르 → ㄹ러」に
変わる。

기르다（育てる）	→	길러요（育てます）
부르다（歌う）	→	불러요（歌います）
흐르다（流れる）	→	흘러요（流れます）
서투르다（下手だ）	→	서툴러요（下手です）

☞ ただし、「따르다(従う), 치르다(支払う)」は「으変則」、「푸르다(青い),
누르다 (黄色い), 이르다(至る)」は「러変則」なので、注意しましょう。

7. 러変則

▼「르」で終わる用言の語幹に「어」で始まる語尾がつくと「르 → 르러」に
変わる。「러変則」は以下の3つしかない。

푸르다（青い）	→	푸르러요（青いです）
누르다（黄色い）	→	누르러요（黄色いです）
이르다（至る）	→	이르러요（至ります）

8. ㄹ語幹 （パッチムが「ㄹ」で終わる全ての用言）

▼ 用言の語幹のパッチム「ㄹ」が「ㄴ, ㄹ, ㅂ, ㅅ」で始まる語尾につくときは
「ㄹ」が脱落する。

놀다（遊ぶ）	→	놉니다（遊びます）
울다（泣く）	→	웁니다（泣きます）
알다（知る）	→	압니다（知っています）
만들다（作る）	→	만듭니다（作ります）

辞書の引き方

☞ 「감」という単語を引いてみましょう！

$$감 \begin{cases} ㄱ → 初声 \\ ㅏ → 中声 \\ ㅁ → 終声 \end{cases}$$

1．まず、初声「ㄱ」でさがします。（14個の子音を順番通りに覚えましょう）

> ㄱ ㄲ ㄴ ㄷ ㄸ ㄹ ㅁ ㅂ ㅃ ㅅ ㅆ ㅇ ㅈ ㅉ ㅊ ㅋ ㅌ ㅍ ㅎ

2．次に、中声「ㅏ」でさがします。（10個の母音を順番通りに覚えましょう）

> ㅏ ㅐ ㅑ ㅒ ㅓ ㅔ ㅕ ㅖ ㅗ ㅘ ㅙ ㅚ ㅛ ㅜ ㅝ ㅞ ㅟ ㅠ ㅡ ㅢ ㅣ

3．最後に、終声「ㅁ」でさがします。（パッチムはうろ覚えでも間に合います）

> ㄱ ㄲ ㄳ ㄴ ㄵ ㄶ ㄷ ㄹ ㄺ ㄻ ㄼ ㄽ ㄾ ㄿ ㅀ ㅁ ㅂ ㅄ ㅅ ㅆ
> ㅇ ㅈ ㅊ ㅋ ㅌ ㅍ ㅎ

分かち書き

☞ 韓国語は英語のように間隔を空けて文章を書きます。これを「分かち書き」と言います。例えば、「아버지가방에들어가신다.」を続けて書いてしまうと、どこで切って良いか分かりにくく、意味も判断がつかなくなります。分かち書きを間違えてしまうと、ここまで意味が変わります。

> （1） 아버지가 방에 들어가신다.（お父さんが部屋に入って行かれる）
> （2） 아버지 가방에 들어가신다.（お父さんのカバンに入って行かれる）

☞ 分かち書きのルールは以下のとおりです。

① 助詞は続けて書く。	저는	어머니가	김치도
② 用言の語尾は続けて書く。	하는	먹은	가면
③ 不完全名詞は離して書く。	이 사람	온 지	한 가지
④ 助数字は離して書く。	한 개	두 마리	세 시
⑤ 補助用言は離して書く。	사고 싶다	먹어 버리다	해 오다
⑥ 複合語は続けて書く。	그림엽서	월급날	인삼차

韓日単語帳

가게	店
가깝다	近い
가끔	たまに
가다	行く
가르치다	教える
가방	カバン
가수	歌手
가슴	胸
가족	家族
가족소개	家族紹介
간호사	看護師
갈아타다	乗り換える
감기에 걸리다	風邪を引く
감자탕	カムジャタン
같이	一緒に
갚다	返す
개	犬
~개	~個
거기	そこ
거기서	そこで
거의	ほとんど
건물	建物
걷다	歩く
걸리다	かかる
걸어가다	歩いて行く
걸어서	歩いて
겉	外側
경복궁	キョンボックン (景福宮)
경찰관	警察官
고기를 잡다	魚を釣る
고등학생	高校生

고맙다	ありがたい
고향	故郷
공	ゼロ
공무원	公務員
공부하다	勉強する
공원	公園
공항	空港
~과	~課
관광 안내소	観光案内所
괜찮다	大丈夫だ
교실	教室
구	九(漢数字)
구경하다	見物する
구두	靴
~권	~冊
귀	耳
그	その
그것	それ
그것은	それは
그래도	それでも
그래서	それで
~그램	~グラム
그러나	しかし
그러니까	だから
그러면	では、それでは
그런데	どころで
그럼	では、それでは
그렇다	そうだ
그렇지만	そうだけれども
그리고	そして
그쪽	そちら
극장	劇場、映画館
금요일	金曜日

기다리다	待つ
기르다	育てる
기쁘다	嬉しい
길	道
김밥	のり巻き
김치	キムチ
김치찌개	キムチチゲ
껌	ガム
끊다	絶つ、止める
끝나다	終わる
끝내다	終わらせる

낚시	釣り
~날	~の日
날씨	天気
남기다	残す
남동생	弟
남자친구	ボーイフレンド
낫다	よくなる
내 것	私のもの
내년	来年
내다	出す
내일	明日
냉면	冷麺
너무	とても、あまりにも
네	はい
넥타이	ネクタイ
넷	四つ(固有数字)
~년	~年
노래	歌
놀다	遊ぶ
누구	誰

누나	お姉さん（弟から見た姉）
눈	目
눈	雪
눈썹	まゆげ
늘	いつも
늦다	遅い

ㄷ

다	全部、みんな
다니다	通う
다리	足、脚
다섯	五つ
다시	また、再び
다음 달	来月
다음 주	来週
닦다	磨く
단어	単語
～달	～月
달다	甘い
닭갈비	タッカルビ
담배	タバコ
～대	～台
대학생	大学生
덥다	暑い
도서관	図書館
돈	お金
돌솥비빔밥	石焼ビビンバ
동생	弟、妹
되다	～になる
된장찌개	みそチゲ
둘	二つ（固有数字）
뒤	後
드라마	ドラマ
드세요	召し上がってください

듣다	聞く
등산	登山
등산가다	登山に行く
때때로	時々
또	また

ㅁ

～마리	～匹
마시다	飲む
마음에 들다	気に入る
마흔	四十（固有数字）
막히다	混んでいる
～만	～万
만나다	会う
만두	餃子
만들다	作る
많다	多い
많이	たくさん
말하다	話す
맛없다	まずい
맛있다	美味しい
맥주	ビール
맵다	辛い
머리	頭
머리카락	髪の毛
먹다	食べる
멀다	遠い
～명	～名
명동	ミョンドン（明洞）
몇～	何～
몇 층	何階
모두	全部、みんな
모레	明後日
모르다	分からない
모자	帽子

목	喉、首
목걸이	ネックレス
목요일	木曜日
목욕하다	風呂に入る
무릎	ひざ
무슨	何の
무엇	何
무엇을	何を
묻다	尋ねる
뭐	何
뭘	何を
믿다	信じる
밑	真下

ㅂ

바꾸다	変える
바다	海
바쁘다	忙しい
바지	ズボン
박물관	博物館
밖	外
반지	指輪
받다	受け取る、もらう
발	足
발가락	足の指
밥	ご飯
배	梨
배	腹
배	船
배꼽	へそ
배우다	習う
백	百
백화점	デパート
버스	バス
～번	～回

韓	日	韓	日	韓	日
〜번	〜番	〜살	〜歳	시험	試験
〜벌	〜着	살다	住む	식당	食堂
벗다	脱ぐ	삼	三(漢数字)	식목일	みどりの日
별로	あまり、それほど	삼계탕	サムゲタン	신문	新聞
		생일	誕生日	신발	履き物
〜병	〜瓶	서다	立つ	싫어하다	嫌いだ
병원	病院	서른	三十	십	十(漢数字)
보내다	送る	서울	ソウル(韓国の首都)	싱겁다	味が薄い
보다	見る			싸다	安い
부르다	歌う	서점	書店	쓰다	書く
부모님	両親	선물	プレゼント	쓰다	苦い
부산	プサン(釜山)	선배	先輩	〜씨	〜さん(〜氏)
부치다	(郵便物などを)出す	선생님	先生	씻다	洗う
		세다	強い		
분	方	셋	三つ(固有数字)	**ㅇ**	
〜분	〜分	속	中	아뇨	いいえ
불고기	ブルゴギ	손	手	아니요	いいえ
비	雨	손가락	指	아래	下
비빔밥	ビビンバ	손님	お客さん	아르바이트	アルバイト
비싸다	高い	손수건	ハンカチ	아무거나	何でも
비행기	飛行機	쇼핑하다	ショッピングする	아버지	お父さん
빌려주다	貸す	수업	授業	아저씨	おじさん
빌리다	借りる	수요일	水曜日	아주	とても、大変
빨리	早く	숙제	宿題	아주머니	おばさん
빵	パン	술	お酒	아침	朝
		쉬다	休む	아프다	痛い
ㅅ		쉰	五十(固有数字)	아홉	九つ(固有数字)
사	四(漢数字)	스물	二十(固有数字)	아흔	九十(固有数字)
사과	りんご	스승의 날	先生の日	안	中
사다	買う	〜시	〜時	안경	眼鏡
사람	人	시간	時間	앉다	座る
사랑하다	愛する	시계	時計	알다	知る
사무실	事務室	시골	田舎	앞	前
사전	辞書	시다	すっぱい	애인	恋人
사진	写真	시작하다	始める	야구	野球
산	山	시장	市場	야구 선수	野球選手

약	薬	역	駅	운동하다	運動する
약국	薬局	연극	演劇	운전하다	運転する
약속	約束	연락하다	連絡する	울다	泣く
양	量	연필	鉛筆	웃다	笑う
양말	靴下	열	十(固有数字)	～원	～ウォン
어깨	肩	열다	開ける	～월	～月
어느	どの	열심히	一生懸命	월요일	月曜日
어느 것	どれ	엽서	はがき	위	上
어느 쪽	どちら	영	ゼロ	육	六(漢数字)
어디	どこ	영어	英語	은행	銀行
어떤	どんな	영화	映画	은행원	銀行員
어떻게	どのように	영화관	映画館	음식	食べ物
어린이날	子供の日	옆	横、隣	음악	音楽
어머니	お母さん	예쁘다	綺麗だ、可愛い	의사	医者
어묵	おでん	예순	六十(固有数字)	의자	椅子
어버이날	父母の日	예약하다	予約する	의지	意志
어제	昨日	오	五(漢数字)	이	この
～억	～億	오늘	今日	이	二(漢数字)
언니	お姉さん(妹から見た姉)	오다	来る	이	歯
		오래간만에	久しぶりに	이것	これ
언제	いつ	오르다	上がる	이것은	これは
언제나	いつも	오른쪽	右側	이름	名前
언제든지	いつでも	오빠	お兄さん(妹から見た兄)	이미	すでに
얼굴	顔			이번 달	今月
얼마	いくら	오전	午前	이번 주	今週
얼마나	どのくらい	오토바이	オートバイ	이쪽	こちら
없다	ない、いない	오후	午後	～인분	～人前
여기	ここ	올해	今年	인사동	インサドン(仁寺洞)
여기서	ここで	옷	服		
여덟	八つ(固有数字)	왜	なぜ	～일	～日
여동생	妹	외국	外国	일	一(漢数字)
여든	八十(固有数字)	왼쪽	左側	일	仕事
여섯	六つ(固有数字)	요리사	調理師	일곱	七つ(固有数字)
여의도	ヨイド(汝矣島)	요리하다	料理する	일본	日本
여자 친구	ガールフレンド	우리	私たち、我々	일본사람	日本人
여행	旅行	우체국	郵便局	일본어	日本語

韓国語	日本語	韓国語	日本語	韓国語	日本語
일본 친구	日本の友達	전공	専攻	찍다	撮る
일어나다	起きる	전혀	全然		
일요일	日曜日	전화 걸다	電話する、電話をかける	**ㅊ**	
일찍	早く			참다	我慢する、耐える
일하다	働く	전화번호	電話番号		
일흔	七十(固有数字)	전화하다	電話する	창문	窓
읽다	読む	점심	昼	찾다	おろす、探す
입	口	제	私の	책	本
입다	着る	제일	一番	책방	書店、本屋
있다	いる、ある	제주도	チェジュド (済州島)	책상	机
				처음	はじめ
ㅈ		조금	少し	천	千
자다	寝る	좁다	狭い	천천히	ゆっくり
자동차	自動車	좋다	良い	청바지	ジーパン
자장면	ジャージャー麺	좋아하다	好きだ	청소하다	掃除する
자전거	自転車	주다	やる、くれる	~초	~秒
자주	よく、しょっちゅう	주말	週末	축구	サッカー
		주문하다	注文する	축구 선수	サッカー選手
작년	去年	주부	主婦	춘천	チュンチョン (春川)
작다	小さい	~주세요	~ください		
~잔	~杯	주의	注意	춥다	寒い
잘	よく、上手に	죽다	死ぬ	충분하다	十分だ
잠깐만요	ちょっと待って下さい	중국	中国	취미	趣味
		지금	今	~층	~階
잡채	チャプチェ	지난달	先月	친구	友達
~장	~枚	지난주	先週	칠	七(漢数字)
재미있다	面白い	지도	地図		
저	私	지우개	消しゴム	**ㅋ**	
저	あの	지키다	守る	카메라	カメラ
저것	あれ	지하철	地下鉄	커피	コーヒー
저것도	あれも	지하철역	地下鉄の駅	커피숍	コーヒーショップ
저것은	あれは	집	家	케이크	ケーキ
저기	あそこ	집들이	引っ越し祝い	켜다	点ける
저기요	あのですね	짜다	しょっぱい	코	鼻
저녁	夕方	~쯤	~くらい、~ほど	코트	コート
저쪽	あちら			크리스마스	クリスマス

~킬로	~キロ

ㅌ	
타고 가다	乗っていく
타다	乗る
택시	タクシー
토요일	土曜日
티셔츠	Tシャツ

ㅍ	
팔	八（漢数字）
팔	腕
팔다	売る
팥빙수	かき氷
~페이지	~ページ
편의점	コンビニ
편지	手紙
표	チケット
프랑스	フランス
피곤하다	疲れる
피우다	吸う

ㅎ	
~하고	~と
하나	一つ
하다	する
학교	学校
~학년	~学年
학생	学生
학생 식당	学生食堂
학원	塾
한국	韓国
한국말	韓国語
한국사람	韓国人
한국어	韓国語
한국어 공부	韓国語の勉強

한국 음식	韓国料理
한국 친구	韓国の友達
한글날	ハングルの日
한일사전	韓日辞書
한잔하다	一杯飲む
할머니	祖母
할아버지	祖父
함께	一緒に
항상	いつも
허리	腰
형	お兄さん（弟から見た兄）
~호선	~号線
화요일	火曜日
화장실	トイレ
화장품	化粧品
환전하다	両替する
~회	~回
회사	会社
회사원	会社員
회의	会議
휴가	休暇
힘들다	大変だ

日韓単語帳

ア

愛する	사랑하다
会う	만나다
上がる	오르다
開ける	열다
朝	아침
明後日	모레
足	발
味が薄い	싱겁다
明日	내일
足の指	발가락
あそこ	저기
遊ぶ	놀다
頭	머리
あちら	저쪽
暑い	덥다
あの	저
あのですね	저기요
甘い	달다
あまり	별로
あまりにも	너무
雨	비
洗う	씻다
ありがたい	고맙다
有る	있다
歩いて	걸어서
歩いて行く	걸어가다
歩く	걷다
アルバイト	아르바이트
あれ	저것
あれは	저것은
あれも	저것도

イ

いいえ	아뇨, 아니요
家	집
行く	가다
いくら	얼마
意志	의지
医者	의사
石焼ビビンバ	돌솥비빔밥
椅子	의자
忙しい	바쁘다
痛い	아프다
一（漢数字）	일
市場	시장
一番	제일
いつ	언제
一生懸命	열심히
一緒に	같이, 함께
五つ（固有数字）	다섯
いつでも	언제든지
一杯飲む	한잔하다
いつも	늘, 언제나, 항상
いない	없다
田舎	시골
犬	개
今	지금
妹	여동생
いる	있다
インサドン（仁寺洞）	인사동

ウ

上	위
～ウォン	～원
受け取る	받다

後	뒤
歌	노래
歌う	부르다
腕	팔
海	바다
売る	팔다
嬉しい	기쁘다
運転する	운전하다
運動する	운동하다

エ

映画	영화
映画館	극장, 영화관
英語	영어
駅	역
演劇	연극
鉛筆	연필

オ

美味しい	맛있다
多い	많다
オートバイ	오토바이
お母さん	어머니
お金	돈
お客さん	손님
起きる	일어나다
～億	～억
送る	보내다
お酒	술
教える	가르치다
おじさん	아저씨
遅い	늦다
おでん	어묵, 오뎅

お父さん	아버지	歌手	가수	今日	오늘
弟	남동생	貸す	빌려주다	餃子	만두
お兄さん (妹から見た兄)	오빠	風邪を引く	감기에 걸리다	教室	교실
		家族	가족	去年	작년
お兄さん (弟から見た兄)	형	家族紹介	가족소개	キョンボックン (景福宮)	경복궁
		肩	어깨	嫌いだ	싫어하다
お姉さん (妹から見た姉)	언니	方	분	着る	입다
		学校	학교	綺麗だ	예쁘다
お姉さん (弟から見た姉)	누나	カバン	가방	~キロ	~킬로
		我慢する	참다	銀行	은행
おばさん	아주머니	髪の毛	머리카락	銀行員	은행원
面白い	재미있다	ガム	껌	金曜日	금요일
(お金を)おろす	(돈을) 찾다	カムジャタン	감자탕	九(漢数字)	구
終わらせる	끝내다	カメラ	카메라		
終わる	끝나다	通う	다니다	**ク**	
音楽	음악	火曜日	화요일	空港	공항
		辛い	맵다	九十(固有数字)	아흔
カ		借りる	빌리다	薬	약
~課	~과	観光案内所	관광 안내소	~ください	~주세요
ガールフレンド	여자 친구	韓国	한국	口	입
~回	~번, ~회	韓国語	한국어, 한국말	靴	구두
~階	~층	韓国語の勉強	한국어 공부	靴下	양말
会議	회의	韓国人	한국사람	~くらい	~쯤
外国	외국	韓国の友達	한국 친구	~グラム	~그램
会社	회사	韓国料理	한국 음식	クリスマス	크리스마스
会社員	회사원	看護師	간호사	来る	오다
買う	사다	韓日辞書	한일사전	くれる	주다
返す	갚다				
変える	바꾸다	**キ**		**ケ**	
顔	얼굴	聞く	듣다	警察官	경찰관
かかる	걸리다	気に入る	마음에 들다	ケーキ	케이크
かき氷	팥빙수	昨日	어제	消しゴム	지우개
書く	쓰다	キムチ	김치	化粧品	화장품
学生	학생	キムチチゲ	김치찌개	~月	~월
学生食堂	학생 식당	脚	다리	月曜日	월요일
~学年	~학년	休暇	휴가		

見物する	구경하다	昨年	작년	しょっちゅう	자주
		～冊	～권	しょっぱい	짜다
コ		サッカー	축구	ショッピングする	쇼핑하다
～個	～개	サッカー選手	축구 선수	書店	서점
五（漢数字）	오	寒い	춥다	知る	알다
恋人	애인	サムゲタン	삼계탕	信じる	믿다
公園	공원	三（漢数字）	삼	新聞	신문
高校生	고등학생	～さん	～씨		
～号線	～호선	三十（固有数字）	서른	**ス**	
公務員	공무원			水曜日	수요일
コート	코트	**シ**		吸う	피우다
コーヒー	커피	～氏	～씨	好きだ	좋아하다
コーヒーショップ	커피숍	～時	～시	少し	조금
ここ	여기	ジーパン	청바지	すっぱい	시다
午後	오후	しかし	그러나	すでに	이미
ここで	여기서	時間	시간	ズボン	바지
九つ（固有数字）	아홉	試験	시험	住む	살다
腰	허리	仕事	일	する	하다
五十（固有数字）	쉰	辞書	사전	座る	앉다
午前	오전	下	아래		
こちら	이쪽	自転車	자전거	**セ**	
今年	올해	自動車	자동차	狭い	좁다
子供の日	어린이날	死ぬ	죽다	ゼロ	공, 영
この	이	事務室	사무실	千	천
ご飯	밥	ジャージャー麺	자장면	先月	지난달
これ	이것	写真	사진	専攻	전공
これは	이것은	十（漢数字）	십	先週	지난주
今月	이번 달	十分だ	충분하다	先生	선생님
今週	이번 주	週末	주말	先生の日	스승의 날
混んでいる	막히다	授業	수업	全然	전혀
コンビニ	편의점	塾	학원	先輩	선배
		宿題	숙제	全部	다, 모두
サ		主婦	주부		
～歳	～살	趣味	취미	**ソ**	
魚を釣る	고기를 잡다	上手に	잘	掃除する	청소하다
探す	찾다	食堂	식당	そうだ	그렇다

ソウル（韓国の首都）	서울	たまに	가끔	デパート	백화점
そこ	거기	誰	누구	天気	날씨
そこで	거기서	単語	단어	電話をかける	전화 걸다
そして	그리고	誕生日	생일	電話する	전화하다
育てる	기르다			電話番号	전화번호
そちら	그쪽				
外	밖	**チ**			
外側	겉	小さい	작다	**ト**	
その	그	近い	가깝다	～と	～하고
祖母	할머니	チェジュド（済州島）	제주도	トイレ	화장실
それ	그것	地下鉄	지하철	十（固有数字）	열
それで	그래서	地下鉄の駅	지하철역	遠い	멀다
それでは	그럼	チケット	표	時々	때때로
それでも	그래도	地図	지도	時計	시계
それは	그것은	～着	～벌	どこ	어디
それほど	별로	チャプチェ	잡채	ところで	그런데
祖父	할아버지	注意	주의	登山	등산
		中国	중국	登山に行く	등산가다
タ		注文する	주문하다	図書館	도서관
～台	～대	チュンチョン（春川）	춘천	どちら	어느 쪽
大学生	대학생	調理師	요리사	とても	아주
大丈夫だ	괜찮다	ちょっと待って下さい	잠깐만요	隣	옆
大変だ	힘들다			どの	어느
高い	비싸다	**ツ**		どのくらい	얼마나
だから	그러니까	疲れる	피곤하다	どのように	어떻게
たくさん	많이	月	달	友達	친구
タクシー	택시	机	책상	土曜日	토요일
出す	내다	作る	만들다	ドラマ	드라마
（郵便物などを）出す	부치다	点ける	켜다	撮る	찍다
絶つ	끊다	強い	세다	どれ	어느 것
立つ	서다	釣り	낚시	どんな	어떤
タッカルビ	닭갈비				
建物	건물	**テ**		**ナ**	
タバコ	담배	手	손	無い	없다
食べ物	음식	Ｔシャツ	티셔츠	中	속, 안
食べる	먹다	手紙	편지	泣く	울다
		では	그러면	梨	배

なぜ	왜
七（漢数字）	칠
七十（固有数字）	일흔
七つ（固有数字）	일곱
何	무엇, 뭐
何を	뭘
名前	이름
習う	배우다
何〜	몇〜
何階	몇 층
何でも	아무거나
何の	무슨

ニ

二（漢数字）	이
苦い	쓰다
二十（固有数字）	스물
〜日	〜일
日曜日	일요일
〜になる	되다
日本	일본
日本語	일본어
日本人	일본사람
日本の友達	일본 친구
〜人前	〜인분

ヌ

脱ぐ	벗다

ネ

ネクタイ	넥타이
ネックレス	목걸이
寝る	자다
〜年	〜년

ノ

残す	남기다
乗っていく	타고 가다
喉	목
〜の日	〜날
飲む	마시다
乗り換える	갈아타다
のり巻き	김밥
乗る	타다

ハ

歯	이
はい	네
〜杯	〜잔
はがき	엽서
履き物	신발
博物館	박물관
はじめ	처음
始める	시작하다
バス	버스
働く	일하다
八（漢数字）	팔
八十（固有数字）	여든
鼻	코
話す	말하다
早く	빨리
腹	배
〜番	〜번
パン	빵
ハンカチ	손수건
ハングルの日	한글날

ヒ

ビール	맥주
〜匹	〜마리
飛行機	비행기

ひざ	무릎
久しぶりに	오래간만에
左側	왼쪽
引っ越し祝い	집들이
人	사람
一つ（固有数字）	하나
ビビンバ	비빔밥
百	백
〜秒	〜초
病院	병원
開ける	열다
昼	점심
〜瓶	〜병

フ

服	옷
プサン（釜山）	부산
再び	다시
二つ（固有数字）	둘
父母の日	어버이날
船	배
フランス	프랑스
ブルゴギ	불고기
故郷	고향
プレゼント	선물
風呂に入る	목욕하다
〜分	〜분

ヘ

〜ページ	〜페이지
へそ	배꼽
勉強	공부
勉強する	공부하다

ホ

帽子	모자

일한단어장

ボーイフレンド	남자친구
〜ほど	〜쯤
ほとんど	거의
本	책
本屋	책방, 서점

マ

〜枚	〜장
前	앞
真下	밑
まずい	맛없다
また	다시, 또
待つ	기다리다
窓	창문
守る	지키다
まゆげ	눈썹
万	만

ミ

磨く	닦다
右側	오른쪽
店	가게
みそチゲ	된장찌개
道	길
三つ（固有数字）	셋
みどりの日	식목일
耳	귀
ミョンドン（明洞）	명동
見る	보다
みんな	모두, 다

ム

六つ（固有数字）	여섯
胸	가슴

メ

〜名	〜명
眼鏡	안경
召し上がってください	드세요

モ

木曜日	목요일
もらう	받다

ヤ

野球	야구
野球選手	야구 선수
約束	약속
安い	싸다
休む	쉬다
薬局	약국
八つ（固有数字）	여덟
山	산
止める	그만두다, 끊다
やる	주다

ユ

夕方	저녁
郵便局	우체국
雪	눈
ゆっくり	천천히
指	손가락
指輪	반지

ヨ

良い	좋다
ヨイド（汝矣島）	여의도
よく	잘, 자주
横	옆
四つ（固有数字）	넷
読む	읽다

予約する	예약하다
夜	저녁
四（漢数字）	사
四十（固有数字）	마흔

ラ

来月	다음 달
来週	다음 주
来年	내년

リ

量	양
両替する	환전하다
両親	부모님
料理する	요리하다
旅行	여행
りんご	사과

レ

冷麺	냉면
連絡する	연락하다

ロ

六（漢数字）	육
六十（固有数字）	예순

ワ

分からない	모르다
私	저
私の	제
私たち	우리
私のもの	내 것
笑う	웃다
我々	우리

168

〈著者略歴〉
崔　相振（チェ サンジン）
韓国釜山生まれ。九州大学大学院博士後期課程修了（国際社会文化専攻）。現在、熊本大学、九州工業大学、長崎県立大学、下関市立大学。

呉　香善（オー ヒャンソン）
韓国ソウル生まれ。九州大学大学院博士後期課程修了（国際社会文化専攻）。現在、下関市立大学　講師、水産大学　非常勤講師。

〈監修者略歴〉
松原孝俊（まつばらたかとし）
1950年島根県生まれ。学習院大学大学院博士課程修了。朝鮮語教育・朝鮮文化史専攻。九州大学名誉教授。

イラスト　河野まどか

Pointで学ぶ韓国語 ❶

2020年4月1日　第2刷発行

著　者 ———————— 崔　相振
　　　　　　　　　　　呉　香善
監　修 ———————— 松原孝俊
発行者 ———————— 仲西佳文
発行所 ———————— 有限会社花書院
〒810-0012 福岡市中央区白金2丁目9-2
電話（092）526-0287・FAX（092）524-4411
郵便振替 ———————— 01750-6-35885
印刷・製本 ———————— 城島印刷株式会社
定価はカバーに表示してあります。